KB167327

_____학교 ____학년 ____반 _____의 책이에요.

전 세계가 인정한 우리의
세계유산

   세계유산이란, '세계유산협약'에 따라 인류 전체를 위해 보호해야 할 가치가 있다고 인정되는 세계 여러 나라의 유산 가운데 유네스코에 등록된 유산을 말해요.

   최근 전 세계적으로 자연재해나 전쟁 등으로 파괴될 위기에 처한 인류의 유산이 늘어나고 있어요. 이를 미리 방지하고 보호하고자 1978년부터 유네스코의 세계유산위원회에서는 보호해야 할 가치가 있는 유산들을 세계유산으로 지정하고 있답니다.

   인류 전체를 위해 보편적인 가치가 있다고 인정하는 유산을 중심으로 지정하다 보니, 각 나라의 문화와 역사를 대표하는 유산인 경우가 많아요. 따라서 각 나라의 세계유산을 알아보는 일은 곧 그 나라의 고유한 문화를 알 수 있는 지름길이지요.

   우리나라는 현재 석굴암과 불국사, 해인사 장경판전, 종묘, 창덕궁, 수원 화성, 경주역사유적지구, 고창화순강화 고인돌유적, 제주 화산섬과 용암동굴, 조선왕릉, 한국의 역사마을 : 하회와 양동, 남한산성, 백제역사유적지구와 산사 한국의 산지승원이 등재되어 있답니다. 그리고 세계기록유산으로는 훈민정음, 조선왕조실록, 직지심체요절, 승정원일기, 조선왕조의 의궤, 해인사 대장경판 및 제경판, 동의보감, 일성록, 5.18민주화운동 기록물, 난중일기, 새마을운동 기록물, 한국의 유교책판, KBS특별생방송 '이산가족을 찾습니다' 기록물, 조선왕실 어보와 어책, 국채보상운동 기록물, 조선통신사 기록물이 등재되었어요.

   또한 인류무형문화유산으로는 종묘제례 및 종묘제례악, 판소리, 강릉단오제, 강강술래, 남사당놀이, 영산재, 제주칠머리당 영등굿, 처용무, 가곡, 대목장, 매사냥, 줄타기, 택견, 한산모시짜기, 아리랑, 김장문화, 농악, 줄다리기, 제주해녀문화가 있답니다.

   이 책에서는 우리나라의 세계유산 중 하나인 《조선왕조실록》에 대해 알아볼 거예요.

세계문화유산

종묘

수원화성

창덕궁

고창·화순·강화의 고인돌유적

석굴암과 불국사

해인사 장경판전

경주역사유적지구

백제역사유적지구

세계기록유산

조선왕조실록

승정원 일기

직지심체요절

훈민정음

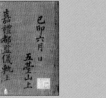
조선왕조 의궤

해인사 고려대장경판과 제경판

동의보감

일성록

세계무형유산

종묘제례와 제례악

판소리

강릉단오제

세계자연유산

제주도 화산섬과 용암동굴

신나는 교과 체험학습 05

조선 시대를 담은 타임캡슐 조선왕조실록

초판 1쇄 발행 | 2007. 3. 27.
개정 3판 7쇄 발행 | 2023. 11. 10.

글 신병주 | **그림** 김영수 김순남

발행처 김영사 | **발행인** 고세규
등록번호 제 406-2003-036호 | **등록일자** 1979. 5. 17.
주소 경기도 파주시 문발로 197(우10881)
전화 마케팅부 031-955-3100 | 편집부 031-955-3113~20 | 팩스 031-955-3111

© 신병주, 2007

값은 표지에 있습니다.
ISBN 978-89-349-8380-4 64000
ISBN 978-89-349-8306-4 (세트)

좋은 독자가 좋은 책을 만듭니다. 김영사는 독자 여러분의 의견에 항상 귀 기울이고 있습니다.
전자우편 book@gimmyoung.com | 홈페이지 www.gimmyoungjr.com

어린이제품 안전특별법에 의한 표시사항

제품명 도서 제조년월일 2023년 11월 10일 제조사명 김영사 주소 10881 경기도 파주시 문발로 197
전화번호 031-955-3100 제조국명 대한민국 ⚠주의 책 모서리에 찍히거나 책장에 베이지 않게 조심하세요.

조선 시대를 담은 타임캡슐

조선왕조실록

글 신병주 그림 김영수 김순남

주니어김영사

조선왕조실록을 찾아 여행을 떠나요

조선왕조실록은 우리 선조들의 투철한 기록 정신으로 나온 문화유산이에요.
그렇다면 조선왕조실록은 어떻게 생겼으며 어디에 보관되어 왔을까요?
알고 싶다면 조선왕조실록을 만날 수 있는 역사의 현장으로 여행을 떠나 보아요.
여행을 가기 전에 이 책을 먼저 읽고 조선왕조실록이 무엇인지 알아본다면 더욱 알찬 여행이 될 거예요.

코스 1

조선왕조실록을 직접 만나러 가요!

목적지 가는 방법	서울대학교 규장각 2호선 서울대학교입구역에서 내려 서울대학교행 버스를 타요. 규장각은 서울대학교 교내에 있어요.
관람시간 관람방법	평일 오전 9시 30분~오후 5시 30분(월요일부터 금요일까지만 열람 가능해요.) 서울대학교 규장각 건물 지하 1층에 전시장을 운영하고 있으며, 관람을 원하는 사람은 언제든지 볼 수 있어요. 또한 규장각에 비치된 도서 및 자료는 일반인도 열람할 수 있어요. 1층 열람실 입구에 있는 사물 보관함에 개인 사물을 보관한 후 신청서를 써서 내면 되지요.

　　현재 우리나라에서 조선왕조실록이 보관되어 있는 곳은 서울대학교 규장각과 국가기록원(부산 지소)이에요. 규장각에는 정족산본 실록(조선 시대 정족산 사고에 보관되었던 실록)이, 국가기록원에는 태백산본 실록(조선 시대 태백산 사고에 보관되었던 실록)이 보관되어 있어요. 서울대학교 규장각 지하의 국보 보관 서고에 보관되어 있는 실록은 조금이라도 손상되면 안 되기 때문에 일반인들이 직접 볼 수는 없어요.

　　하지만 규장각 전시실에는 실록 코너를 따로 만들어 놓고 조선 시대에 실록을 보관했던 궤짝을 비롯하여, 실록의 기초 자료가 되었던 사초, 실록 복제본을 만들어 전시하고 있어요. 그리고 실록의 원본을 동영상으로 찍은 규장각 소개 홍보 비디오를 통해 실록의 실제 모습을 볼 수도 있어요. 이외에 조선 후기 실록을 보관했던 사고의 모습이 표시된 지도들이 있어서 실록을 소중하게 보관했던 선조들의 숨결을 느낄 수 있답니다.

규장각 전경

규장각 전시실 내부

규장각 지하 서고

코스 2

사고에 가 보아요!

목적지	강화도 정족산 사고 (전등사 안에 있어요.)			
가는 방법	전등사 홈페이지를 참고하세요.			
	전등사 홈페이지 http://www.jeondeungsa.org			
입장 요금	개인	어린이 1,500원	청소년 3,000원	어른 4,000원
	단체	어린이 1,000원	청소년 2,500원	어른 3,500원

(2021년 6월 기준)

또 하나 조선왕조실록의 숨결을 체험할 수 있는 곳으로는 조선 시대에 실록을 보관했던 사고가 있어요. 조선 시대 사고 중에서 가장 쉽게 찾아갈 수 있는 곳이 강화도의 정족산 사고예요. 정족산 사고는 정족산성이 요새처럼 둘러싸여 있어서 적의 침입으로부터 실록을 보호하기에는 안성맞춤인 장소였지요. 그리고 바로 옆에는 과거의 수호 사찰이자 현재 관광지로 유명한 전등사도 있답니다.

정족산 사고는 다른 사고와는 달리 1층으로 지어져 있어요. 바다 가까이에 위치해 있어서 2층으로 만들 경우 바닷바람을 맞아 피해를 입을 수도 있었기 때문이에요. 정족산 사고의 원래 건물은 1931년 무렵 주춧돌과 계단석만 남고 모두 사라져 버렸어요. 지금의 건물은 1999년에 원래의 모습대로 복원된 것이랍니다.

정족산 사고 입구

차례

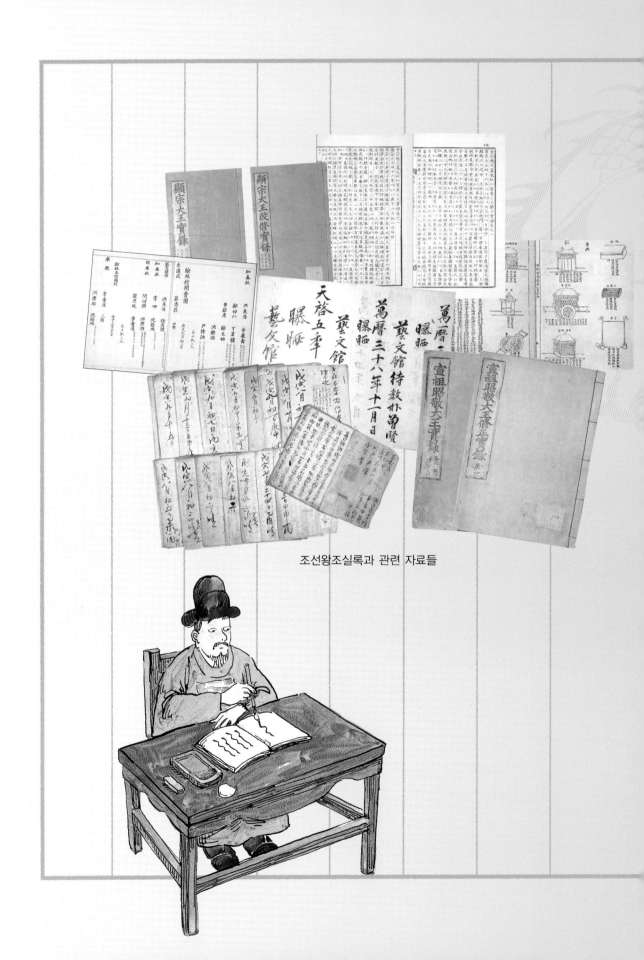

조선왕조실록과 관련 자료들

철저하게 기록된
조선왕조실록

　어렸을 때 타임캡슐 놀이를 해 본 적이 있나요? 아끼고 좋아하던 장난감이나 책 또는 기억에 남을 만한 일을 써 놓은 일기장 등을 땅속에 묻어 놓는 놀이 말이에요. 시간이 흐른 뒤, 이 타임캡슐을 열어 보면 어린 시절에 어떤 장난감을 갖고 놀았으며, 어떤 책을 읽었고, 무슨 일이 있었는지 새록새록 기억이 나지요.

　우리 역사에도 이런 타임캡슐이 있어요. 바로 조선왕조실록이에요. 조선 시대에 묻어 놓은 이 타임캡슐을 열어 보면 그 시대에 살았던 사람들의 모습을 알 수 있지요. 조선왕조실록은 조선 시대의 정치, 외교, 사회, 경제, 종교 생활에서부터 천문, 지리, 음악, 과학적 사실 등은 물론이고, 그때에 어떤 자연재해가 일어났는지, 주변 나라와는 어떤 교류를 했는지에 관한 사실을 자세히 써 놓은 책이에요. 이 책 덕분에 우리는 조선 시대 사람들이 어떻게 생활했는지를 수백 년이나 흐른 지금에도 아주 상세하게 알 수 있지요.

　조선왕조실록은 이런 가치를 인정받아 1997년 10월 1일에 유네스코 세계기록유산으로 등록돼 인류 전체의 문화유산으로 보호받고 있어요. 그런데, 단순히 책에 불과한 조선왕조실록이 어떻게 세계적으로 인정을 받았을까요? 우리 함께 조선왕조실록에 대해 알아보아요.

　그럼 타임캡슐을 열어 볼까요?

* 조선왕조실록은 1973년 12월 31일에 국보 제151-1호, 제151-3호로 지정되었어요.

《선조실록》과《현종실록》

조선 시대를 담은 타임캡슐

자, 지금부터 조선 시대 사람들이 묻어 놓은 타임캡슐을 열어 볼까요? 와, 어려운 한자가 잔뜩 쓰여 있네요. 제목을 읽어 보니 이렇게 쓰여 있어요. 《태조실록》, 《세종실록》, 《연산군일기》, 《선조실록》……. 바로 조선왕조실록이에요. 조선왕조실록은 조선 시대 왕들과 관련된 일을 중심으로 조선 시대의 역사를 정리한 책이랍니다. 조선의 첫 번째 왕 태조 때부터 스물다섯 번째 왕 철종 때까지 472년(1392~1863) 간의 일들을 일이 일어난 순서대로 차례차례 기록해 놓았어요. 조선 왕조의 '공식지정 역사책'이라고 할 수 있지요.

스물다섯 명의 왕들이 살았던 시대의 많은 사실들을 모두 기록해 놓다 보니 분량이 굉장히 많아요. 현재 온전하게 남아 있는 조선왕조실록을 세어 보면, 1,707권 1,187책(정족산본)에 이를 정도이니까요. 한자로 쓰여진 이 실록을 한글로 번역하는 데만 3천여 명의 학자들이 동원돼 25년이나 걸렸어요. 정말 엄청난 양이지요?

> **책과 권의 차이는 뭘까요?**
> 책은 우리가 눈으로 보는 책 모양으로 묶여진 것을 말해요. 권은 내용 별로 묶어 놓은 것이고요. 그래서 한 책에 2권의 내용이 들어 있는 경우도 있지요. 조선왕조실록이 모두 1,707권 1,187책인 것은 한 책에 2권의 내용이 들어있는 경우도 있기 때문이에요.

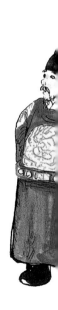

조선왕조실록에 실린 왕들
조선왕조실록에는 조선의 1대 왕인 태조에서부터 25대 왕인 철종에 이르는 시대에 대한 일들이 기록되어 있어요. 모두 25명의 왕에 관한 이야기가 실려 있답니다.

그뿐이 아니에요. 조선왕조실록에는 왕의
이야기는 물론이고, 조선 시대의 정치·외교·
경제·군사·법률·사상·생활 등 각 분야의
역사적 사실이 모두 기록되어 있어요. 그래서
조선 시대를 아는 데 꼭 필요한 자료이지요.

조선왕조실록은 1997년에 유네스코에서
세계의 기록유산으로 등록되었지요. 전 세계
사람들도 조선왕조실록의 가치를 인정한 거예요.
이제부터 우리나라에서 뿐만이 아니라
세계적으로도 자랑할 만한 소중한 기록유산인
실록이 어떻게 만들어졌는지, 우리 조상들이
실록을 적의 침입으로부터 보호하기 위해
얼마나 갖은 노력을 다했는지에 관한 여러 가지
사실들을 살펴볼 거예요. 조선왕조실록의 이모저모를 살펴보다
보면 역사적 사실들을 철저하게 기록으로 남겨 둔 우리 선조들을
더욱 더 자랑스럽게 생각하게 될 거예요.

재미있는 실록 이야기

《고종실록》과 《순종실록》은
조선왕조실록이 아니래!

조선의 왕은 모두 27명이라는 사실을
알고 있지요? 그런데 왜 25명에 관한
기록만 조선왕조실록에 포함되느냐고
요? 조선의 마지막 왕은 순종이고, 바
로 윗대는 고종이에요. 이 두 왕의 행
적을 기록한 《고종실록》과 《순종실록》
은 일제강점기 때 일본이 만든 것이에
요. 그래서 조선왕조실록이라고 할 때
는 조선의 1대 왕인 태조에 관한 것을
기록한 《태조실록》부터 25대 왕인 철종
의 행적을 기록한 《철종실록》까지 25명
조선 왕들의 실록만을 말해요.

난, 조선 1대
왕인 태조야!

7

실록은 누가 만들었지?

이렇게 어마어마한 분량의 실록은 과연 누가 만들었을까요? 바로 사관들이에요. 조선 시대에는 역사를 기록하는 일을 하는 사람을 '사관'이라고 했어요. 이 중에서도 특히 실록을 만드는 데 중요한 역할을 한 사람은 예문관이라는 관청에서 일을 맡아 보았던 사관들이지요. 정7품 직급의 '봉교' 2명, 정8품 직급의 '대교' 2명, 정9품 직급의 '검열' 4명. 이렇게 8명이 실록 만드는 일을 담당했어요. 모두 8명으로 구성된 이들을 '8한림'이라고도

📝 예문관

📝 품

에헴, 우리는 실록의 편찬자 '8한림'이오!

정7품 봉교
조선 시대 예문관에 근무하며, 왕의 교칙을 마련하는 일을 했어요. 8한림 중에서 가장 높은 자리예요.

정8품 대교
조선 시대 예문관의 중간 관리로서 사관의 역할을 담당했어요.

정9품 검열
검열은 8한림으로 구성된 사관 중에서 가장 낮은 관리예요. 예문관 내에서 1차로 선발된 사람들 중에서 수차례의 선발 과정을 거쳐 최종적으로 정해요.

불렀답니다. 예문관의 옛 이름인 '한림'에서 따온 것이에요.

사관들은 실록을 만드는 것은 물론이고, 실록의 기본적인 자료인 사초와 시정기 쓰기, 실록을 오랫동안 보관하기 위한 포쇄 작업 등의 일을 했지요.

사관은 조선 시대 벼슬의 위치로 보면 그리 높지 않았지만 나라의 중요한 임무를 수행하는 벼슬이라는 자부심만은 대단했어요. 사관이 되려면 아주 엄격한 시험을 거쳐야 했거든요.

유교에 관련된 수많은 책과 역사에 대해 많이 아는지, 그리고 글을 잘 쓰는지 등을 시험한 후 집안을 조사해 흠이 없는 사람을 뽑아서 임명했지요.

재미있는 실록 이야기

이 일을 사관이 알지 못하게 하라!

조선의 3대 왕인 태종은 성격이 호탕하고 사냥을 좋아했어요. 사관들은 태종이 사냥을 나갈 때에도 끝까지 따라다니며 행동을 모두 기록했어요. 그런데 태종은 이를 매우 못마땅하게 여겼지요. 그러던 어느 날, 태종은 여느 날과 마찬가지로 사냥을 나갔어요. 사냥터에서 노루를 발견한 태종은 활 시위를 힘껏 당겼지요. 그런데 그만 말에서 떨어져 버렸답니다. 태종은 정신없는 와중에도 신하들에게 이렇게 말했어요. "이 일을 사관이 알지 못하게 하라!" 사관이 자신의 창피한 행동을 기록할 것이 두려웠던 것이지요. 하지만 말에서 떨어진 사실은 물론, 자신이 한 말까지 실록에 기록될 줄은 몰랐을 거예요.

나는야 조선 최고의 사관!

조선 시대 사관은 오늘날의 기자와 같은 역할을 했어요. 자신의 소신대로 모든 일을 기록하고 개인적인 의견을 쓰기도 했지요. 조선 시대의 사관들이 이렇게 자유자재로 쓸 수 있었던 것은 신분이 철저하게 보장되었기 때문이에요. 왕조차도 사관이 써 놓은 사초를 함부로 볼 수 없게끔 제도적으로 보장되어 있었거든요.

🖉 **사초, 시정기**
사관들이 기심한 [...] 서술이에요. [이 [...]를 바탕으로 [...]에 실록이 [...] 완성됩니다.

🖉 **포쇄**
완성된 실록을 [...] 때나 [...]로부터 보호하기 위해 [...]에 [...]는 일이에요. [...] 작업은 보통 3년에 한 번씩 이루어졌어요. [...]

사관들이 하는 중요한 임무는 왕이 어떤 일을 하는지 늘 지켜보고 기록하는 거예요. 그래서 사관들은 왕이 가는 곳이라면 어디든지 함께했어요. 왕의 경연 자리는 물론이고, 대신들과 국정을 의논할 때나 심지어 잔치를 베푸는 현장에까지 같이 있었지요. 왕과 대신이 나누는 이야기와 행동 등을 모두 기록해야 했으니까요. 오늘날로 말하자면 신문사나 방송사의 기자와 같은 역할을 했다고 할 수 있어요.

이렇게 왕이 하는 모든 일을 기록해 자료로 남기도록 한 것은 왕이 왕의 자리에 있으면서 함부로 행동하지 못하도록 하는 장치라고 할 수 있지요.

여기서 **잠깐!**

숨어 있는 인물을 찾아라!

오른쪽에 보이는 책은 조선 시대 사관에 임명된 사람들 명단을 적어 놓은 《한권록》이라는 책이에요. 펼쳐진 면을 보면 우리가 잘 알고 있는 조선 시대의 학자 이름이 적혀 있어요. 누구일까요? 이름을 써 보세요.

▶**힌트** 이 사람은 조선의 유명한 학자예요. 다산이라는 호를 쓰며, 수원화성을 지을 때 쓰인 도구인 '거중기'를 고안한 사람이기도 하지요. 한자로 이렇게 이름을 쓰지요.
'丁若鏞'

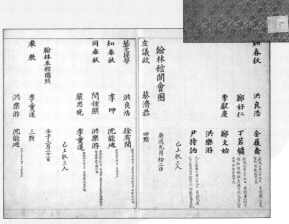

☞정답은 56쪽에

왕이 죽으면 실록을 만든다

각 왕에 대한 실록은 언제 만들었을까요? 왕이 살아 있는 동안 만들었을까요? 아니에요. 왕이 죽은 후에야 실록을 만들었어요. 예를 들어, 《선조실록》이라고 하면 선조가 죽은 후에 만들기 시작하지요. 아무리 훌륭한 왕이라도 살아 있을 때는 그 왕에 대한 실록을 만들지 않았답니다. 왕이 살아 있는 동안 일어났던 모든 일을 기록해야 했으니까요.

왕이 죽으면 먼저 실록청을 설치하고, 실록 작업을 시작했어요. 일단 실록청이 꾸려지면 그동안 기록된 자료를 수집해요. 사관들이 작성한 사초와 **시정기** 등을 포함한 여러 가지 자료들이 실록을 쓰는 데 참고 자료로 쓰였지요. 하지만 실록을 만드는 데 가장 기본이 된 자료는 사초와 시정기랍니다.

그런데 사초가 뭐냐고요? 조선 시대에 사관은 왕의 주변에서 이뤄지는 모든 행사에 참석했어요. 그리고는 보고 들은 내용을 모두 기록했는데 이것을 '사초'라고 했어요. 기자들이 사건을 취재해서 쓴 기사 모음집 같은 거예요. 이렇게 기록된 사초는 사관 외에는 아무도 볼 수 없었어요. 왕조차도 마음대로 볼 수 없도록 정해져 있었지요. 그렇게 해야만 사관들이 사실을 그대로 정확하게 기록할 수 있으니까요.

✏️ **시정기**
서울과 지방의 각 관청에서 행한 업무들이 기록된 문서에서 중요한 사항을 골라 다시 기록한 책이에요.

시정기 중의 하나인 《춘추관일기》입니다. 춘추관에서 작성한 이 일기는 실록을 쓰는 데 필요한 기본적인 자료예요.

11

왕이라도 실록은 볼 수 없어

조선 시대에는 책이 완성되면 대부분 왕에게 바쳤어요. 하지만 조선왕조실록만은 예외였어요. 실록은 완성되더라도 왕에게 바치지 않고 완성된 사실만 알렸지요. 그런 후에 춘추관*에서 실록을 봉안*하는 의식을 가지고, 완성된 실록은 춘추관과 지방의 사고*에 보냈어요.

이렇게 만들어진 실록은 아무리 왕이라고 해도 볼 수가 없었어요. 왕이 실록을 보게 되면, 사관들이 왕의 눈치를 보거나 왕의 체면을 생각해 역사적인 사실을 바꾸어서 기록할 수가 있었기 때문이에요. 이렇게 왕이 볼 수 없도록 했기 때문에 실록을 보면 왕의 나쁜 성격에 대해서도 거리낌 없이 쓰여 있지요. 어떤 내용이 있었는지 한번 살펴볼까요? 조선의 11대 왕인 중종 때의 일을 기록한 《중종실록》을 보면 잘 알 수 있어요.

"왕은 인자하고 유순한 면은 있으나 결단력이 부족하여 일할 뜻은 있으나 일을 한 실상은 없었다. 싫고 좋음이 분명하지 않고, 어진 사람과 간사한 무리를 뒤섞어 등용했기 때문에 왕위에 있는 40년 동안 혼란한 때가 많아 끝내 조금의 안정도 이루지 못했으니 슬프다." - 《중종실록》 39년 11월 15일

중종의 우유부단한 성격을 그대로 기록해 놓았지요? 왕에게 실록을 보지 못하게 했던 조선 시대의 엄격한 원칙이 없었다면 사관들이 이렇게 있는 사실을 그대로 기록할 수 없었을 거예요.

★춘추관 조선 시대에 역사 편찬을 담당했던 관청이에요.
★봉안 완성된 실록을 모셔 놓는 의식을 말해요.
★사고 실록을 보관했던 곳을 말해요. 중앙의 춘추관 사고를 비롯해 지방에 여러 곳이 있었어요.

사관은 왕의 주변에 있으면서 그 자리에서 일어나는 모든 일을 기록했어요.

내가 바로 사관이오!

초초, 중초를 거쳐 정초로!

그럼, 실록을 어떻게 만들었는지 알아볼까요? 실록을 만들 때 가장 먼저 하는 일은 사초와 같은 기록 자료를 모으는 일이에요. 그런 뒤, 사관들이 그 자료를 기초로 해서 먼저 '초초'를 써요. 그리고 나서 초초를 다시 고치고 정리한 '중초'를 쓰지요. 마지막으로 실록에 써 넣을 '정초'를

세검정
이 정자 옆 널찍한 바위에 세초한 종이를 말렸어요.

써요. 바로 이 정초를 토대로 실록을 완성하지요. 실록이 완성되면 초초와 중초를 물에 씻어 그 내용을 아무도 보지 못하도록 모두

도성도
1788년경에 만든 서울 지도예요. 지도의 왼쪽 윗부분에 동그랗게 표시한 부분이 세초를 했던 세검정이 있는 개천이에요.

없애요. 그리고 물에 씻은 종이는 말린 후 다시 썼어요. 조선 시대에는 종이가 무척 귀하고 비쌌거든요.

이렇게 종이를 물에 씻는 것을 '세초'라고 했어요. 이 작업은 지금의 세검정에서 행해졌어요. 주변의 넓은

바위에다 물에 씻은 종이를 올려 놓고 말렸으며, 다 마른 종이는 조지서에서 새 종이로 만들었지요. 세초를 마치면 이를 축하하기 위해 잔치가 열렸어요. 이를 세초연이라고 했어요. 사관들은 세초연을 하면서 비로소 실록이 완성됐음을 실감했을 거예요.

✏️ 조지서

사초를 집에서도 기록했다고?

사초에 대해 좀 더 자세히 알아보아요. 사관들은 보통 궁궐 내에서 사초를 기록했지만 궁궐에서 퇴근한 후에 자신의 집에서 쓰기도 했어요. 사관이 궁궐 내 정치가 이루어지는 장소에 참석하여 기록한 사초를 '입시사초'라 하고, 궁궐에서 퇴근한 후 재정리한 것을 집에 보관한 사초라는 뜻에서 '가장사초'라고 했지요. 그중 가장 기본이 되는 자료는 궁궐 내에서 쓴 사초였지요. 가장사초는 사관이 집에 보관하고 있다가 실록을 편찬할 때가 되면 실록청에 제출했지요.

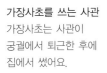

입시사초를 쓰는 사관
입시사초는 사관이 근무지인 궁궐 안에서 썼어요.

가장사초는 모두 실록청에 제출해야 하는 것이 원칙이었어요. 그런데 간혹 사관이 몰래 보관하는 경우도 있었어요. 이렇게 간직된 가장사초가 최근 무덤 속에서 발견돼 사람들이 놀란 적이 있답니다. 바로 정태제 사초예요. 정태제는 인조 때 사관인데, 1987년에 후손들이 정태제의 무덤을 옮기려고 무덤을 파자 몇 권의 책과 함께 그가 기록한 가장사초가 발견되어 화제가 되었지요.

가장사초를 쓰는 사관
가장사초는 사관이 궁궐에서 퇴근한 후에 집에서 썼어요.

정태제 사초

조선 인조 때 사관으로 일한 정태제의 무덤 속에서 왜 사초가 발견되었을까요? 후대 학자들은 정태제가 살았을 당시 당파싸움*이 심했기 때문일 것이라고 추측하고 있어요. 다른 당파 쪽에서 읽으면 안 되는 내용이라도 적어 놓은 것일까요? 그런데 이 사초를 조사해 보니, 인조실록에는 기록되지 않은 내용이 많이 적혀 있었답니다.

★**당파싸움** 정치적으로 서로 다른 입장에 있는 무리끼리 다투는 것을 말해요.

실록 만들기

왕이 세상을 떠나면 실록청을 꾸리고 실록을 만들기 시작해요. 실록이 완성되면 실록청은 다시 해체됩니다.

① 사초를 모아 정초로 다듬어요
실록청을 세우고 사초, 시정기 등의 자료를 최대한 모아요. 실록을 만드는 데 가장 기초적인 자료이거든요. 이 자료를 계속 고쳐 가며 최종적으로 실록에 써 넣을 정초를 완성해요.

여기서 **잠깐!**

세초연을 벌여 볼까요?

조선 시대 숙종 때부터 영조 때에 걸쳐 살았던 학자
조문명(1680~1732년)은 《숙종실록》을 편찬한 뒤
그 느낌을 시로 표현했어요. 오른쪽에
조문명이 쓴 시를 보면 《숙종실록》을
만드는 데 무려 10년이 걸린 것을 알
수 있어요. 여러분이라면 어떤 느낌이
들었을까요? 생각해 보고, 느낌을
자유롭게 52쪽에 써 보세요.

작은 붓으로 어찌 하늘을 다 그려 버리요?
아아! 성대한 덕은 백왕보다 앞섰네. 십 년 만에
비로소 실록 편찬의 일을 마치고 한가한 날에
비로소 사초를 씻는 잔치를 열었네.
저녁에 시내에서 밥을 지으니 맞난 음식이요.
비 온 뒤의 물소리는 거문고 소리보다 낫네.
지난날 붓을 들었던 것이 이제 꿈결 같은데
직접 완성된 책을 보니 다시금 눈물이 흐르네.
(조문명, 《학암집》 권2. 〈세초연〉 부분)

② 완성된 실록을 사고에 보관해요
실록이 완성되면, 왕에게 보고하고
사고에 보관해요. 궁궐의 춘추관
사고에 보관하는 실록본 외에 조선
전기에는 3부씩, 후기에는 4부씩
을 더 만들었답니다.

③ 세초를 해요
초초나 중초 등을 물에 씻었어요.
종이가 귀했기 때문에 재활용하
기 위해서이기도 하지만 실록의
내용을 사관 외에는 아무도 봐서
는 안 되었거든요.

실록을 어디에 보관할까?

실록을 만드는 일이 그리 쉽지는 않지요? 그렇다면 어렵게 완성된 실록은 어디에 보관했을까요? 실록은 보관하는 장소가 따로 있었어요. 바로 사고에 보관했지요. 사고란 '역사물을 보관하는 창고'란 뜻이에요.

실록은 조선 초기에는 모두 4질을 만들었어요. 4질의 실록은 궁궐 내에 있는 춘추관 사고와 지방 3군데에 마련된 사고에 각각 1질씩 나누어 보관했어요. 한 곳에만 보관했다가 화재가 나거나 도난이라도 당하면 큰일이잖아요. 하지만 이렇게 신경을 써서 보관한 실록들도 그렇게 안전하지는 않았어요. 실제로 실록이 사라질 뻔한 적도 여러 번 있었거든요.

사고에 불이 났어요!

사고에 불이 나면 어떡하죠? 어렵게 만든 실록이 타 버릴 수 있잖아요. 그런데 정말로 사고에 불이 난 적이 있었어요. 중종 때 지방 중심지 중 하나였던 성주 사고에서였어요. 사고에서 일하는 사람이 비둘기를 잡으려다가 잘못해서 불이 난 거예요. 실록도 불에 타 버렸어요! 하지만 다행히 다른 사고에도 복사본이 보관되어 있었답니다. 그래서 다른 사고에 있던 실록을 베껴서 다시 실록을 채워 놓았지요.

실록이 사라질 뻔했어요!

임진왜란이 일어나기 전인 조선 전기에는 궁궐의 춘추관을 비롯하여 충주·전주·성주 등 지방 중심지에 사고를 마련하고 이곳에 실록을 보관했어요. 지방의 중심지에 사고를 설치한 것은 아무래도 관리하기에 편하다고 생각했기 때문이에요. 그러나 사람들이 많이 오고 가는 지방의 중심지에 사고를 설치하다 보니 문제가 생겼어요. 사고에 불이 나기도 하고, 실록을 도둑맞기도 했거든요.

특히 1592년에 임진왜란이 일어나자 궁궐의 춘추관 사고, 충주와 성주의 사고는 모두 불타 버리고 이순신 장군이 일본군을 막아 낸 전라도 전주의 사고만이 겨우 무사했어요.

전주 사고는 우리가 지킨다!

임진왜란 중에 전주 사고의 실록이 무사할 수 있었던 것은 여러 사람의 숨은 공로 덕이었어요. 바로 전주 사고에서 일하던 참봉인 오희길과 전주 지역 유생인 손홍록이나 안의와 같은 사람들이 그 주인공이에요. 이들은 일본군이 다른 사고의 실록을 불태워 버린 소식을 전해 들었어요. 그래서 전주 사고의 실록을 안전하게 보관하기 위해 실록을 내장산으로 옮기기 시작했어요.

재미있는 실록 이야기

《태종실록》을 보려다 거절당한 세종

실록은 왕이 죽은 후에야 만들어지므로 왕이 자신의 실록을 보는 것은 불가능했어요. 자신보다 윗대 왕들에 관한 실록을 보는 경우라면 간혹 있었지만 이 또한 바로 윗대, 그러니까 아버지 왕의 실록은 못 보게 되어 있었답니다. 그런데 어진 왕으로 널리 알려진 세종도 실록을 보고 싶어했어요. 아버지인 태종의 행적이 어떻게 기록돼 있는지 궁금했거든요. 그래서 신하들에게 실록을 보게 해 달라고 청했어요. 하지만 '원칙을 어길 수 없다.'는 신하들의 반대에 부딪혀 결국 볼 수 없었지요.

✏️ **참봉**
조선 시대의 종9품 벼슬을 말해요.

실록을 깊은 산 속으로 옮기는 손홍록과 안의

17

그것도 사람들이 쉽게 오르지 못하는 깊고 험한 곳을 골라서
옮겼어요. 지금처럼 헬리콥터 같은 운반 수단도 없었는데,
몇 십, 아니 몇 백 권에 이르는 많은 실록들을 어떻게 옮겼을까요?
아마도 일일이 어깨에 짊어지고 산에 올랐을 거예요.

　내장산 중에서도 사람들이 오르기 힘든 깊은 산중으로 옮겨진
덕에 실록은 전쟁 통에도 무사할 수 있었답니다. 이들의 헌신적인
노력이 없었다면 중요한 역사 기록이 모두 사라져 버렸을지도

과학적인 실록 보관 방법

조선왕조실록은 과학적인 보관 방법 덕에
지금까지 온전한 모양을 유지하고 있어요.
벌레가 먹거나 물이 스며들지 않도록 약재를 함께 넣었고,
사고 건물도 바람이 잘 통하게 지었어요.
또 3년마다 한 번씩 실록에 바람과 햇볕을 쐬어 주었지요.

① 실록이 완성되면 궤짝에 담아요
완성된 실록을 보자기로 싸서 궤짝에 담아 보관했어요.
오랫동안 두어도 책이 손상되지 않도록 주의해서 담았습니다.

② 실록을 담은 궤짝을 사고에 쌓아요
사고에 실록 궤짝을 봉안했어요. 궤짝을 봉안할
때는 엄숙하게 의식을 치렀어요.

기름종이
물이 스며들지 않도록 책
위에 덮었어요.

종이
질이 좋은 초주지를 책 사이
사이에 끼워 책들이 서로
달라붙지 않게 했어요.

붉은 보자기
악귀를 쫓기 위해 책들을
붉은 보자기로 쌌어요.

잠금쇠
열쇠로 잠궈 쉽게 열 수
없도록 했어요.

약품 주머니
천궁, 창포 같은 약재를 넣어
해충의 피해를 막았어요.

궤짝
궤짝의 재료로는 오동나무, 버드나무, 피나무,
소나무 등을 사용했어요.

몰라요. 안의나 손홍록과 같이 자신의 일에 최선을 다하는 평범한
백성들 덕분에 실록이 보존될 수 있었던 것이지요.

  임진왜란이 끝나자 조정에서는 조선왕조실록의 보관 방법에 대해
더욱 고민하기 시작했어요. 여러 차례 실록이 사라질 위기를
맞았거든요. 전주 사고의 실록이 무사할 수 있었던 점을 눈여겨 본
사람들은 사고를 사람들이 잘 다니지 않는 곳으로 옮기기로
했어요.

방화벽
산불이 나면 번지는 것을 막기 위해 사진에서처럼
사고 건물을 에워싸듯 방화벽을 쌓았어요.

창문
바람이 잘 통하도록 창문을 크게
만들고, 이중창을 설치해 산속의
강한 햇볕과 습기를 막았어요.

지붕
다른 건물에 비해 지붕을 크게
짓고 처마를 길게 설치해
눈비가 들이치지 않게 했어요.

③ 사고의 환경을 쾌적하게 만들어요
책들이 썩지 않도록 사고의 건물은
바람이 잘 통하게 지었어요.

바닥
건물을 땅에서 조금 띄워 바람이 잘
통하게 하고 땅의 습기를 피했어요.

실록이 산으로 가다

임진왜란 이후 사람들은 사고를 어디로 옮기기로 했을까요?
장소는 서로 몰려 있지 않으면서도 사람들이 접근하기 어려운 데로
정했어요. 그렇게 고른 장소가 바로 산이었어요.
강화도의 마니산, 평안도 영변의 묘향산, 경상도
봉화의 태백산, 강원도 평창의 오대산 등
4군데였어요.

1778년(정조 12년), 개인소장

높고 험한 산은 사람들이 접근하기 어려울 테니
그만큼 안전하게 보관할 수 있었지요. 그중 묘향산
사고는 인조 때 후금(뒤의 청나라)의 침입에 대비해 다시 전라도
무주에 있는 적상산으로 옮겼어요. 적상산성이 둘러싸여 있어
묘향산보다 안전했거든요. 또 강화의 마니산 사고는 병자호란 때
크게 파손되고 1653년(효종 4년)에 화재가 일어나는 바람에
1660년(현종 1년)에 강화도의 정족산 사고로 옮겨졌지요.

그래서 지방의 사고는 정족산, 적상산, 태백산, 오대산 등
4군데로 정해졌고 조선이 일본에 강제로 점령되기 전까지는

오대산 사고
1606년에 세워진 오대산 사고는 선조 39년에 지어졌어요. 이곳에 있던 실록은 일제 강점기에 다른 곳으로 옮겨지고 건물은 아무도 돌보지 않아 사라져 버렸어요. 위 그림은 단원 김홍도가 그린 《금강사고군첩》의 오대산 사고예요.

사고 주변에는 반드시 절이 있어요

산속 깊은 곳에 사고를 설치한 것은 절에 사는 스님들의 힘을 빌려 실록을 보호하려는 뜻도 있었어요. 사고 주변에는 반드시 절이 있는 것을 보면 알 수 있지요. 이런 절을 '수호사찰'이라고 해요. 정족산 사고, 적상산 사고, 태백산 사고, 오대산 사고가 있던 곳에는 각각 전등사, 안국사, 각화사, 월정사가 가까이 있답니다.

정족산 전등사

이대로 유지되었어요.

하지만 1910년 일본은 지방 4군데 사고에 보관되어 있던 실록들을 모두 조선총독부로 옮겨 버렸어요. 그후 정족산과 태백산 사고의 실록은 경성제국대학 도서관으로, 적성산 사고의 실록은 창경궁 장서각으로 옮겼지요. 그리고 오대산 사고의 실록은 일본에 있는 도쿄제국대학으로 가져가 버렸어요.

후에 우리나라가 일본에게서 해방된 뒤 실록들은 또 옮겨졌답니다. 경성제국대학에 있던 정족산 사고 실록이 현재의 서울대학교 규장각으로 옮겨졌고, 태백산 사고 실록은 국가기록원 부산지소로 옮겨졌어요. 그리고 한국전쟁 때 행방불명되었던 적상산 사고 실록은 평양의 중앙역사박물관에 보관된 것을 후에 확인하였지요. 그러나 도쿄제국대학에 있던 오대산 사고 실록은 1923년 관동대지진 때 대부분 불타고 74책만이 겨우 화를 면했지요. 1932년 그중 27책을 반환받아 서울대학교 규장각에 보관하였어요. 그리고 각계의 노력으로 2006년 마침내 남아 있던 47책 전부가 한국으로 돌아오게 되었답니다. 지금은 서울대학교 규장각에 보관하고 있지요.

✏️ 규장각
역대 글들과 관련된 문서를 보관하던 곳으로, 지금은 서울대학교에 있어요.

✏️ 국가기록원
국가의 중요한 문서 또는 역사적인 문서 등을 모으고 관리하는 기관을 말해요.

적상산 안국사

태백산 각화사

오대산 월정사

3년마다 바람과 햇볕을 쐬다

사고에 보관된 실록은 어떻게 관리되었을까요? 몇 백 년이 지난 지금까지도 그 모양이 유지된 것을 보면 무슨 방법이 있었을 기예요. 과연 어떤 방법이었을까요?

사관들은 실록을 꼼꼼히 기록했듯이 보관도 철저하게 하고 체계적으로 점검했어요. 그 시대에는 책을 오랫동안 보존하기 위해 자연의 힘을 많이 이용했어요. 바로 바람과 햇볕에 말려서 벌레와 습기를 없애는 방법이었지요. 이를 '포쇄'라고 해요. 포쇄는 책에 정기적으로 바람과 햇볕을 쐬어 주어 습기를 제거하고, 종이가 썩거나 병충해를 입는 것을 막는 작업이에요. 보통 3년에 한 번씩 포쇄를 했어요. 봄이나 가을의 날씨가 맑은 날 중에서 좋은 날짜를 골라서 실시했지요.

포쇄는 왕의 명을 받고 파견된 사관들이 했어요. 파견된 사관은 포쇄관이라 불렸고, 각 사고에 임시로

사관의 마음 들여다보기

조선 시대 학자인 신정하의 시를 읽어 보면 포쇄를 담당한 사관들의 마음가짐을 짐작해 볼 수 있어요. 신정하가 남겨 놓은 시를 읽어 보세요.

나는 임금의 조서를 받들고
가을바람에 말을 달려 왔네.
두 번 절한 뒤 손수 자물쇠를 열고서
연선대 가에서 포쇄를 하네.
귀한 상자 서른여섯 개를 내놓으니
해가 하늘 중앙에 이르렀네.
지나는 바람에 때로 함께 책장을 열고
날던 재가 갑자기 책에 그림자를 남기네.
때때로 서적 가운데서
시시비비를 스스로 깨닫네.
(신정하, 《서암집》 권3)

사관과 함께 포쇄를 해 봐요!

사고에 내려가면 포쇄관은 실록이 보관된 실록각 앞에서 두 번 절을 해요. 그리고 실록각 문을 열고 궤짝에서 실록을 꺼내 포쇄를 하지요. 물론 포쇄가 끝나면 어떻게 포쇄를 했는지도 아주 상세하게 기록해 두었답니다.

① 사고 안의 실록을 넣어 두는 사각에 도착하면 두 번 절을 해요. 그러고는 사각의 문을 열어 실록이 보관된 궤짝을 꺼내요.

마련된 거처에서 지내며 감독을 했을 것으로 짐작돼요.

현재 서울대학교 규장각에 실록의 점검 기록부인 《실록형지안》 380책이 보관되어 있어요. 이 책에는 조선 시대에 실록을 얼마나 철저하게 관리했고, 꼼꼼하게 점검했는지를 알 수 있는 내용이 쓰여 있어요. 그중 포쇄에 관한 내용이 가장 많이 남아 있어서 포쇄가 꾸준히 행해졌음을 알 수 있답니다.

여기서 잠깐!

포쇄 기간을 확인하라!
아래의 책은 태백산 사고의 실록을 포쇄한 연월과 이를 담당한 예문관 관리의 이름을 적어 놓은 책이에요. 한자로 쓰여 있어 알아보기 어렵지만 연도 기록을 살펴보면 3년마다 포쇄가 이뤄진 것을 확인할 수 있지요. 정확히 얼마 만에 포쇄를 한 것일까요?

포쇄라고 쓰여 있어요.

만력 38년 11월이라고 쓰여 있어요.

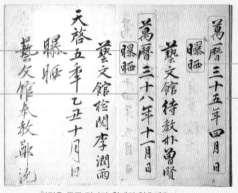

포쇄라고 쓰여 있어요.

만력 35년 4월이라고 쓰여 있어요.

☞정답은 56쪽에

만력은 중국 명나라 황제의 연호예요.
만력 35년은 1607년(선조 40년)이에요.

② 궤짝에 봉안된 실록을 꺼내 3일 동안 햇볕과 바람을 쐬어 주어요.

③ 3일 후 실록을 다시 궤짝에 넣어 봉해요. 그리고 포쇄한 내용을 《실록형지안》에 기록해요.

털끝 하나도 놓치지 않는다

고출

실록각

    사관들의 일은 실록을 완성하고 보관하는 것으로 끝나지 않았어요. 완성 후에도 실록이 만들어진 상황과 보관 상태를 철저하게 살펴보고, 이를 세세하게 기록해 두었어요. 그 기록은 지금까지도 남아 있어요. 《실록청제명기》, 《실록형지안》 등의 제목으로 남아 있는 책이 바로 실록을 만든 상황과 실록의 보관 상태를 정리한 책이랍니다. 실록뿐만 아니라 실록을 보관하고 관리한 상황까지 꼼꼼하게 기록한 이런 자료들에서도 조선 시대의 투철한 기록 정신을 엿볼 수 있지요.

    그럼, 《실록형지안》에는 어떤 내용이 적혀 있을까요? 실록에 관한 아주 사소한 일까지 모두 기록했어요. 사고의 문을 연 날짜, 각 사고별로 궤짝에 보관된 서책의 종류와 수량을 비롯해 지방 사고에 파견된 사관과 담당자 명단 등이 기록되어 있어요.

얼마나 잘 기록했는지 볼까요?

《실록청제명기》를 보면 실록에 관한 여러 가지 사항을 알 수 있어요. 이 책에는 《철종실록》 편찬에 참여한 관리들의 명단과 편찬 과정을 기록해 놓았어요. 아래에 펼친 면을 자세히 살펴보면 세초한 날짜를 알 수 있어요. 날짜를 써 보세요.

▶ **힌트** 한자가 어렵나요? '동월 24일 차일암 세초'라고 쓰여 있군요. 동월은 같은 달이라는 뜻이고, 차일암은 세검정 옆의 바위를 말하지요. 그리고 《철종실록》은 1864년 윤5월에 15권 9책으로 완성됐어요. 이런, 너무 쉽네요.

▷ 정답은 56쪽에

그뿐만 아니라 포쇄를 하거나 고출하거나 실록각을 새로 고치기 위해 혹은 실록의 내용을 확인하기 위해 사고를 열어야 할 때에는 그 이유와 함께 보관된 실록의 상황 등도 철저하게 기록했지요.

《실록형지안》에는 실록 이외에도 의궤, 역사서, 지리지, 의례서, 천문학 관련 서적 등의 보관 상태도 함께 기록되어 있어요. 이런 기록을 통해 조선 시대에 실록을 비롯하여 각 사고에 보관된 서책에 대해 꾸준하게 점검하고 관리했던 사실을 알 수 있어요.

그리고 또 하나! 실록을 보관한 사고의 문은 왕의 명령을 받고 파견된 사관이 아니면 함부로 열지 못했어요. 그만큼 사고의 실록들을 소중히 여겼던 것이지요. 사관은 왕의 명령을 받아 험준한 산간 지역인 사고에 가는 것을 큰 명예로 생각했답니다.

재미있는 실록 이야기

《연산군일기》도 실록인가요?

네, 그래요. 연산군은 조선 시대 내내 왕으로 인정을 받지 못했어요. 그래서 실록을 편찬한 사람들도 실록이라는 표현 대신에 일기라고 한 거예요. 《광해군일기》도 그렇답니다. 또 하나 일기라 불렸던 실록이 있는데 바로 《단종실록》이에요. 《단종실록》은 원래 《노산군일기》였지요. 단종실록을 편찬할 당시 단종은 세조에게 왕위를 물려주고 노산군으로 낮아진 상태였기 때문이지요. 그러나 조선 후기 숙종 때에 와서 단종은 왕의 호칭을 되찾게 되었어요. 따라서 《노산군일기》도 그 제목이 《단종실록》으로 바뀌었지요.

🖉 **의궤**
조선 시대에 왕실이나 나라의 중요한 행사에 관한 내용들을 기록해 놓은 책이에요.

🖉 **의례서**
국가의 행사에 필요한 의례를 정리해 놓은 책이에요.

나는야 낱낱이 기록하는 사관!

사관들은 왕의 모든 행동을 기록하는 것 외에도 실록에 관해서는 모두 기록했어요. 실록을 보관해 두는 실록각을 보수하면 언제, 누가, 왜, 어떻게 했는지 등을 모두 기록해 두었답니다.

실록을 두 번 쓰기도 했다?

조선왕조실록 중 《선조실록》, 《현종실록》, 《경종실록》은 내용을 고쳐서 두 번 쓰여졌어요. 왜일까요?

실록은 왕이 죽은 후에 만들어지는 것이므로 뒤에 왕위를 이어받은 왕 시절에 쓰였지요. 그런데 조선 후기에는 **당파** 간의 싸움이 심해지면서 이미 만들어진 실록에 대해 불만을 가지는 일이 생겼어요. 새로 권력을 잡은 정치 세력들이 반대파 정치 세력들이 쓴 실록의 내용을 못마땅하게 여긴 것이지요. 그래서 자신들의 입장을 유리하게 하는 내용의 실록을 따로 편찬하기 시작했답니다. 그렇게 만든 것이 수정본 실록이에요.

처음으로 수정본 실록을 만든 것은 인조 때였어요. 1623년 **서인**들은 광해군을 몰아내고 인조를 왕으로 세웠어요. 왕을 새로 세운 서인들은 큰 권력을 잡게 되었지요. 그런데 이들은 광해군 때 만든 《선조실록》이 마음에 들지 않았어요. 《선조실록》이 만들어진

당파
뜻이나 입장을 같이 하는 사람들끼리 뭉친 모임이에요.

서인, 북인
조선 시대 중기에 정치에 참여했던 당파들을 말해요.

두 번 쓰여진 실록들

조선왕조실록 중에 세 실록은 두 번 쓰여졌어요. 바로 《선조실록》, 《현종실록》, 《경종실록》이에요. 이 실록들은 《선조수정실록》, 《현종개수실록》, 《경종수정실록》으로 다시 쓰여졌지요. 그렇지만 이 실록들도 조선왕조실록에 포함되어 있답니다. 그런데 이 실록들은 왜 두 번 쓰여졌을까요?

《현종실록》과 《현종개수실록》

《현종실록》은 숙종 초반인 1677년(숙종 3년)에 완성되었어요. 그런데 1680년에 '경신환국'이라는 정변이 일어나 다른 당파가 정권을 잡게 되었지요. 새로 정권을 잡은 사람들은 그 전에 만들어진 《현종실록》이 마음에 들지 않았어요. 그래서 실록을 새로 쓰기로 해 1683년 《현종개수실록》을 완성했어요.

광해군 시절에는 자신들과 다른 입장에 있는 북인들이 정권을 잡고 있었기 때문에 《선조실록》을 보면 서인들에 대해서 좋지 않게 기록한 면이 없지 않았답니다.

한 가지 예를 들어 볼까요? 조선 중기의 유명한 학자인 이이는 정치적으로 서인에 가까웠어요. 그래서 널리 존경받았던 이이의 죽음에 대해 북인들이 기록한 《선조실록》에서는 단지 '이이가 죽었다.' 라고만 썼답니다. 북인들은 《선조실록》을 편찬하면서 이이와 같은 서인들에 대해서 좋지 않게 평가했던 것이지요. 그래서 서인들은 내용을 보충해서 실록을 다시 쓰기로 했답니다. 그렇게 해서 쓴 것이 《선조수정실록》이에요.

하지만 서인들이 원래 있던 《선조실록》을 없애지는 않았어요.

재미있는 실록 이야기

사초를 불태운 사관

조선의 사관들은 후세에 바른 역사를 전하기 위해 꿋꿋하게 자신의 소임을 다했어요. 특히 실록의 기초 자료가 되는 사초를 매우 소중하게 여겼지요. 그런데 사초를 불태워 버리고 도망을 간 사관도 있어요. 선조 때 학자 신흠이 쓴 《상촌휘언》에는 임진왜란 때의 사관인 조존세, 박정현, 김선여, 임취정이 사초를 불태우고 도망가 선조가 왕위에 오른 직후부터 임진왜란이 일어난 때까지 25년 간의 기록이 사라져 버렸다고 쓰여 있어요. 선조는 40년 7개월 동안 왕위에 있었으니 실록도 분량이 많았겠지요. 그런데 임진왜란 전까지의 사초가 사라져 버려 실록을 작성할 때 이 기간 동안의 기록을 자세하게 알 수 없었어요. 실제로 《선조실록》의 앞부분 기록은 다른 부분에 비해 허술하답니다.

《경종실록》과 《경종수정실록》
《경종실록》은 영조 때 초반에 정권을 잡은 당파가 중심이 되어 만들었어요. 이에 불만을 품은 다른 당파가 다시 정권을 잡고 1778년(정조 2년)에 《경종수정실록》을 만들었어요.

《선조실록》과 《선조수정실록》
광해군 때 정권을 잡고 있던 당파가 만들어 놓은 《선조실록》의 내용에 불만을 품은 다른 당파가 인조 때 《선조수정실록》을 만들었어요.

수정본을 써서 자신들의 정치적 입장을 변명했다든가 역사를
왜곡했다는 소리를 듣게 될까 봐 걱정이 되었거든요.

　인조 때에 이렇게 실록이 수정된 것을 시작으로 조선 후기에는
이외에도 두 차례 더 실록을 수정한 사례가 있답니다. 이런 사실은
조선 후기가 정치적으로 당파싸움이 심했던 상황임을 말해 주는
증거예요. 하지만 이런 정치적인 상황에서도 마음에 들지 않는
실록을 없애지 않고 후대의 사람들이 평가할 수 있도록 기록을
남겨 놓은 데에서 조선 시대 사람들이 후대 사람들에게 역사적
사실을 정확하게 남겨 주려고 노력했음을 알 수 있답니다.

🖉왜곡

조선 후기에는 세 차례나 실록 수정 작업을
할 정도로 정치 싸움이 심했어요.

《선조실록》과 《선조수정실록》은 얼마나 다를까?

《선조실록》과 《선조수정실록》은 서로 다른 입장에 놓여 있는 사람들이 만들었어요. 그래서 서로 자신들의 입장에 유리하게 썼지요. 한 가지 대표적인 예가 율곡 이이에 대해 표현해 놓은 부분이에요. 이이는 정치적으로 봤을 때 서인 쪽에 가까웠고, 《선조실록》을 쓴 사람들은 다른 당파에 속해 있었거든요. 《선조실록》을 보면 이이의 죽음에 대해 '이이졸(李珥卒)' 이라는 단 세 글자로 기록했어요. 하지만 서인들이 수정해서 편찬한 《선조수정실록》을 보면 매우 자세히 기록해 놓았지요. 아래의 내용은 《선조수정실록》에 쓰여 있는 이이에 관한 부분이에요. 이이의 죽음에 대해 예의를 다해 자세히 기록하고 있음을 알 수 있어요. 그럼, 이이의 죽음에 대한 《선조수정실록》의 기록을 한번 볼까요?

이조 판서 이이가 죽었다. 이이는 병조 판서로 있을 때부터 과로 때문에 병이 생겼는데, 상*이 의원을 보내 치료하게 하였다. 이때 서익이 순무어사로 관북에 가게 되었는데, 상이 이이에게 찾아가 변방에 관한 일을 묻게 하였다. 자제들은 지금은 안 되니 접응하지 말도록 청하였다. 그러나 이이는 말하기를,
"나의 이 몸은 다만 나라를 위할 뿐이다. 만약 이 일로 인하여 병이 더 심해져도 이 역시 운명이다."
하고, 맞이하여 육조의 방략을 불러 주었는데, 이를 다 받아쓰자 호흡이 끊어졌다가 다시 살아나더니 그 다음
*상 왕을 말해요.

날 죽었다. 나이는 향년 49세였다.
상이 이 소식을 듣고 너무도 놀라서 슬피 통곡하였다.
이이의 자는 '숙헌'이고 호는 '율곡'이다. 총명하여 지혜가 올되고 7세에 이미 경서*를 통달하고 글을 잘 지었다. 천성이 지극히 효성스러웠고, 학문을 하면서 문장 공부에 힘쓰지 않았어도 일찍부터 글을 잘 지어 사방에 이름이 알려졌다.
나라가 쇠퇴해져 난리가 날 위험을 분명히 알고는 항상 임금의 마음을 바르게 하고, 풍속을 바로잡고 조정을 화합하게 하고, 나쁜 정치를 고치고 백성을 구제하고 군비를 강화하는
*경서 사서오경과 같은 유교의 가르침을 적은 책을 말해요.

것을 우선으로 삼았다. 그리고 이를 계속 주장했는데, 소인이나 속류의 배척을 당했어도 조금도 거들떠보지 않았다. 임금도 처음에는 견제를 했으나 늦게나마 다시 뜻이 일치되어 은총과 신임이 바야흐로 두터워지고 있는 때에 갑자기 죽은 것이다.
이이는 타고난 기품이 매우 고상하고 수양을 잘하여 더욱 높은 경지에 이르렀다. 청명한 기운에 온화한 분위기가 배어나오고 활달하면서도 과감하였다. 어떤 사람이나 상황이라도 한결같이 정성되고 신실하게 대하니, 마음으로 그에게 복종하지 않는 자가 없었다.

재미있는
조선왕조실록 이야기

　지금까지 조선왕조실록은 누가 만들었는지, 어떤 과정을 거쳐 만들어졌는지, 어디에 보관되어 왔는지 등을 알아보았어요. 조선왕조실록은 과연 세계기록유산으로 인정받을 만큼 가치 있는 자랑스러운 유산이라는 생각이 들지요? 조선왕조실록은 왕을 중심으로 조선 시대 역사를 기록한 책이기 때문에 왕을 둘러싼 정치적인 이야기들이 많이 기록되어 있어요. 하지만 그 외에 서민 생활이나 자연 재해에 관한 이야기들도 많이 쓰여 있답니다.

　우리나라에 처음으로 코끼리가 들어온 이야기를 비롯해, 2004년 인기가 있었던 TV드라마 〈대장금〉의 실제 모델이 되었던 인물 '장금' 이야기, 홍길동에 관한 이야기, 독도 이야기 등도 실려 있어요. 자, 우리 함께 실록에 기록되어 있는 갖가지 재미있는 이야기 속으로 들어가 볼까요?

수백 석을 먹는 코끼리

많은 어린이들이 좋아하는 코끼리! 이 코끼리는 우리나라에 언제
들어왔을까요? 조선왕조실록을 보면 알 수 있어요.
조선왕조실록 중 《태종실록》을 보면 코끼리가 일본에서
건너 온 이야기가 기록되어 있답니다.

그럼 어느 부분에 그런 내용이 있는지 한번 볼까요?
《태종실록》11년(1411년) 2월 22일의 기록이에요.
이 부분을 읽어 보면, 코끼리가 우리나라에 없었던
동물임을 알 수 있어요.

코끼리는 그 당시 나라의 큰 고민거리였대요. 실록에
써 있듯이 하루에 먹어 치우는 양이 엄청났거든요.
게다가 큰 사고도 일으키지요. '이우' 라고 하는 한

일본국왕 원의지가 사신을 보내 코끼
리를 바쳤다. 코끼리라는 것은 우리나
라에 일찍이 없었던 동물이니, 대소
관원들이 이를 보고 크게 놀랐다. 이
것을 사복시＊에서 기르게 하니, 날마
다 콩 4,5두＊씩을 먹었다.

★사복시 궁중의 수레나 가마, 말 따위를
관리하는 관아를 말해요.
★두 액체나 곡식을 재는 단위로, 1두는 약
18리터 정도예요. 1.8리터 페트병 10개 정
도의 양이지요. 와, 그러면 이 코끼리는 하
루에 콩을 페트병으로 40~50개 정도 먹
었네요?

관리가 코끼리에게 밟혀 죽는 사고가 일어난 거예요.

이 일을 알게 된 당시 병조판서 유정현은 코끼리를 유배 보내라고 태종에게 말하지요. 유정현이 어떻게 말했는지 《태종실록》 태종 13년(1413년) 11월 5일의 기록을 읽어 볼까요? 이 말을 들은 태종은 코끼리를 서울에서 먼 곳으로 유배를 보내 버리라고 하지요. 동물이라도 죄는 엄하게 다스려야 했거든요. 태종의 명령에 따라 코끼리는 서울에서 멀리 떨어져 있는 전라도 외딴 섬 장도로 유배를 가게 됩니다. 하지만 유배를 간 지 6개월 만에 코끼리는 다시 육지로 나오게 되지요. 왜 육지로 나왔는지 《태종실록》 14년(1414년) 5월 3일의 기록을 한 번 더 볼까요?

이후 코끼리에 관한 기록이 더 이상 실록에는 없는 것으로 보아 육지에 나온 코끼리는 더 이상 나라의 관심거리가 아니었나 봐요.

"일본에서 바친 코끼리는 이미 즐겨 보는 물건도 아니요, 나라에 이익도 없습니다. 사람을 다치게 했는데, 만약 법으로 말한다면 사람을 죽인 죄는 죽이는 것이 마땅합니다. 또 일 년에 먹이는 꼴은 콩이 수백 석에 이르니, 청컨대 주공(옛날 중국의 임금)이 코뿔소와 코끼리를 몰아낸 사례를 본받아 전라도의 섬에 두게 하소서." 하니 태종이 웃으면서 그대로 따랐다.

유배

조선 시대 전에는 코끼리가 없었나요?

"길들인 코끼리를 순천부 장도라는 섬에 방목하였는데 수초를 먹지 않아 날로 수척해지고 사람을 보면 날로 눈물을 흘립니다."고 하니 태종이 듣고서 불쌍히 여겨 육지로 내보내 처음과 같이 기르게 하였다.

남아 있는 기록으로만 살펴보면 신라 후기 처음으로 코끼리가 들어왔어요. 《삼국사기》를 보면 아래와 같은 기록이 있어요.
"소같이 생긴 이상한 짐승이 있는데, 몸은 길고 높으며 꼬리의 길이가 세 자가량이나 되고 털은 없고 코가 긴 놈이 현성천으로부터 오식양으로 향하여 갔습니다."
확실하게 말할 수는 없지만 여기서 말한 짐승이 아마도 코끼리인 것으로 추측되지요.
당시 인도나 그 주변 나라들과도 교류가 이뤄지고 있었던 점으로 미뤄 외국에서 온 사람이 코끼리를 데리고 온 것 같아요. 이후에도 코끼리가 들어왔을 수 있겠지만 기록에 남아 있는 것은 조선 시대 태종 때가 처음이에요.

잠깐 퀴즈   조선 시대의 대표적인 의학이면서 실록에도 등장하는 실제 인물은 누구일까요?   힌트 : 조선 시대에 허준이 이 사람을 소재로 소설로 썼답니다.   ▷정답은 56쪽에

넘겨 보세요.

실록에 등장한 홍길동

《홍길동전》을 알고 있나요? 다 아는 이야기라고요? 그렇다면 홍길동이 실제로 있었던 인물이라는 것도 알고 있나요? 홍길동은 연산군 때와 중종 때에 살았던 실제 인물이에요. 《연산군일기》 6년 10월 22일의 기록을 볼까요? 영의정 한치형 등 삼정승(영의정, 좌의정, 우의정)이 홍길동에 대해 말한 부분이에요.

나라의 중요한 직위에 있는 삼정승이 왕에게 직접 홍길동을 잡은 사실을 보고한 것으로 보아 홍길동은 엄청난 도적이었음을 알 수 있지요. 그리고 같은 날 다른 부분에는 홍길동을 도와준 엄귀손 등을 처벌한 내용도 기록되어 있어요.

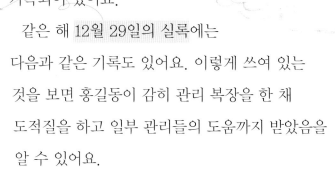

같은 해 12월 29일의 실록에는 다음과 같은 기록도 있어요. 이렇게 쓰여 있는 것을 보면 홍길동이 감히 관리 복장을 한 채 도적질을 하고 일부 관리들의 도움까지 받았음을 알 수 있어요.

> "듣건대, 강도 홍길동을 잡았다 하니 기쁨을 견딜 수 없습니다. 백성을 위하여 해독을 제거하는 일이 이보다 큰 것이 없으니, 청컨대 이 시기에 그 무리들을 다 잡도록 하소서."

> 강도 홍길동이 옥정자와 홍대 차림으로 첨지★라 자칭하며 대낮에 떼를 지어 무기를 가지고 관부★에 드나들면서 기탄없는 행동을 자행하였는데, 그 권농★이나 이정★들과 유향소의 품관★들이 어찌 이를 몰랐겠습니까. 그런데 체포하여 고발하지 아니하였으니 징계하지 않을 수 없습니다. 이들을 모두 변방으로 옮기는 것이 어떠하리까?

★첨지 정3품 무관 벼슬을 말해요.
★관부 조선 시대 '조정이나 정부'를 이르던 말이에요.
★권농 조선 시대 마을의 농사를 장려하는 하는 자리에 있던 사람을 말해요.
★이정 지금으로 치면 마을 이장 정도의 직위에 있는 사람을 말해요.
★품관 벼슬을 가진 관리를 통틀어 이르는 말이에요.

《중종실록》의 중종 25년 12월 28일에도 홍길동에 관한 기록이 나와요. 이 구절을 보면 홍길동이 당상관의 복장을 하고 다녔으며, 수령들까지 홍길동에게 당하고 있었음을 알 수 있어요. 그만큼 홍길동이 과감하게 도적질을 하고 다녔다는 것을 짐작할 수 있지요.

홍길동의 무리들은 신이 찰리사*로 가서 추국*했는데 홍길동이란 자가 당상관의 복장을 했기 때문에 수령도 그를 존대하여 그의 세력이 치성하게 되었습니다.

★찰리사 현장 사정을 조사하는 관리를 말해요.
★추국 조선 시대 의금부에서 죄인을 끌어다 놓고 심문하던 일을 말해요.

이런 기록들로 보아 홍길동은 연산군 때에 과감하게 도적질을 일삼았던 사람임이 확실해요. 그러나 실록에 기록된 실제 인물 홍길동은 이름에 '洪吉同'이라는 한자를 썼지만 소설 《홍길동전》의 주인공은 '洪吉童'이라는 한자를 썼어요. 서로 다른 한자를 썼지만 도적이라는 점과 관리들을 꼼짝 못하게 한 점, 일부 백성들의 지지를 받았다는 점 등은 매우 비슷하지요.

《홍길동전》의 지은이 허균은 홍길동이라는 도적의 이름을 익히 알고 있었을 거예요. 그래서 자신의 소설 속 주인공으로 삼았을 거예요. 이미 이름이 널리 알려져 있는 인물을 주인공으로 그려서 좀 더 많은 사람들이 공감할 수 있도록 말이에요.

🖊수령
고려 시대나 조선 시대에 각 고을을 맡아 다스리던 지방 관리들을 통틀어 이르는 말이에요.

잠깐 퀴즈 최근 일본이 자기네 땅이라고 우기고 있는 섬은 무슨 섬일까요?
힌트 : 동해상에 있는 섬으로, 예전에는 우릉도라 불렸어요.   ▷정답은 56쪽에

넘겨 보세요.
➡

실록에도 기록된 우리 땅 독도

19세기에 만들어진 지도책 《광여도》의 조선 지도 부분

오른쪽 중간의 동그라미 안을 잘 살펴보아요. 우산도와 무릉도라 쓰여 있어요. 여기서 우산도는 울릉도를, 무릉도는 독도를 말해요.

일본이 독도를 일본 땅이라고 우기는 것을 알고 있나요? 하지만 독도가 삼국 시대부터 우리 땅임을 말해 주는 기록들이 많아요. 《삼국사기》의 신라 편을 보면 "512년(지증왕 13년)에 우산국이 신라에 병합되었다."라고 기록되어 있어요. 이 우산국은 울릉도와 독도를 말해요. 또, 《세종실록지리지》, 《신증동국여지승람》, 《만기요람》 등과 같은 옛날 책이나 옛날 지도에도 독도를 우리나라 땅으로 적고 있지요.

그렇다면 실록에는 어떨까요? 《세종실록》을 한번 볼까요? 이 내용에서 우산도는 울릉도를 말하지요. 그리고 울릉도 주변에서 날씨가 맑을 때 보이는 섬이라면 독도밖에 없어요. 울릉도 주변의 바위 섬들은 날씨가 맑지 않아도 볼 수 있거든요. 이처럼 《세종실록》 기록에도 독도가 우리 땅임을 분명하게 보여 주는 부분이 있지요?

우산도와 무릉도 두 섬이 현(울진현)의 정동쪽 바다 가운데에 있다. 두 섬이 서로 거리가 멀지 아니하며, 날씨가 청명하면 가히 바라볼 수 있다. 신라 시대에는 이 두 섬을 우산국이라 칭하였다.

그리고 《숙종실록》에는 어부 출신 안용복이 일본에 맞서 울릉도와 독도를 찾은 이야기가 나와요. 일본의 어부들은 울릉도를 죽도로, 독도를 송도라 하면서 자기네 땅이라고 우겼지만 안용복은 일본까지 건너가 울릉도와 독도가 우리의 땅임을 당당하게 밝히고 돌아왔답니다.

시대를 보여 주는 실록의 내용

조선 시대 사관들이 써 놓은 실록을 읽다 보면 한 편의 사극을 보는 것 같을 때가 있어요. 그 시대를 살았던 사람들이 하는 말을 아주 자세하게 기록해 놓았으니까요. 그래서 실록에 담겨 있는 이야기들을 읽다 보면 우리는 마치 조선 시대의 어느 날로 날아간 듯한 느낌을 받기도 하지요. 이는 사관들이 그 시대에 일어난 일들을 아주 꼼꼼하게 실록의 기록으로 남겨 두었기 때문이지요. 그리고 그 기록은 다른 나라의 어떤 실록들보다도 자세하답니다.

일본에도 《삼대실록》이 있고, 중국에도 《대명실록》 등이 있어요. 하지만 《삼대실록》은 내용이 자세하지 않은 편이고, 《대명실록》은 권수만 많을 뿐 기록된 내용은 적답니다. 《대명실록》이 2,964권에 달한다고 하지만 실려 있는 내용은 1600만 자밖에 되지 않는 데 비해 조선왕조실록은 총 6,400만 자에 달한답니다. 내용의 분량으로 보면 조선왕조실록이 4배에 달해요.

이처럼 당시의 사회상을 낱낱이 기록하고 완벽하게 후대에 남겨 두었기 때문에 몇 백년이 지난 지금도 조선 시대를 눈앞에 보듯 알 수 있지요.

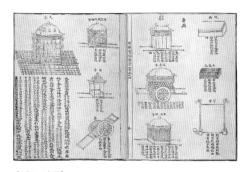

《세종실록》
실록 중에는 그림 자료도 상세히 기록되어 있는 것이 있어서 당시 사용된 도구의 자세한 모습도 알 수 있어요.

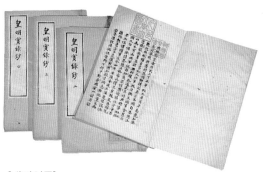

《대명실록》
중국의 명나라 13대 황제의 실록인 《대명실록》에서 조선과 관련된 기사만을 엮어 놓은 부분이에요.

잠깐
퀴즈
조선 시대에 적은 돌어서 실록이고, 가문을 조사해 인물을 골라낸 사람을
무엇이라고 할까요? 힌트 드라마 〈대박금〉을 주인공이예요.

넘겨 보세요.

정답은 56쪽에

의녀 장금의 이야기

　2003년에서 2004년 사이에 크게 인기를 얻은 TV 드라마 〈대장금〉의 주인공 장금이를 알고 있나요? 그렇다면 장금이 실제로 조선 시대에 살았던 사람이라는 것도 알고 있나요? 장금은 실록에 여섯 번이나 등장하는 실존 인물이랍니다. 함께 다음의 기록을 읽어 보아요.

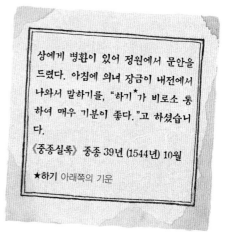

대비전의 증세가 나아지자, 국왕이 약방들에게 차등 있게 상을 주었다. 의녀 신비와 장금에게는 각각 쌀 10섬과 콩 10섬씩을 하사하였다.

《중종실록》 중종 17년(1522년) 9월

상에게 병환이 있어 정원에서 문안을 드렸다. 아침에 의녀 장금이 내전에서 나와서 말하기를, "하기*가 비로소 통하여 매우 기분이 좋다."고 하셨습니다.

《중종실록》 중종 39년 (1544년) 10월

★하기 아래쪽의 기운

　안방 시청자들을 사로잡았던 〈대장금〉의 주인공 장금에 관해 《중종실록》에 실린 기록이에요. 《중종실록》에는 이 외에도 4번이나 장금에 대한 기록이 나온답니다. 궁중 음식과 수라간 궁녀들의 아기자기한 모습들이 시청자들의 관심을 불러일으켰던 이 드라마의 주인공 장금은 '의녀'라는 천한 신분에도 불구하고 실록에 그 이름이 여섯 번이나 등장하는 실존 인물이지요.

　실록의 다른 기록에도 '호산의 공이 있다.'고 하거나 왕의 병환에 '오령산, 밀정 등의 약재를 썼다.'는 것으로 보아 약재에 매우 밝았던 의녀였음을 알 수 있지요. 장금에 대한 실록의 기록을

🖉 호산
산모를 치료하는 것을 말해요.

모두 살펴보면 위와 같이 궁중 의녀로서
역할을 다했던 것이 분명해요.

그런데 드라마 속에서는 '궁중 음식의
달인'으로 장금이를 묘사했지만 이러한 내용은
실록에 한 자도 나오지 않아요. 어쨌든 실록에
나오는 '장금'이 의녀였다는 사실은
〈대장금〉이라는 드라마를 만들 수 있었던 좋은
자료였음에는 틀림이 없지요. 실록에 기록된
아주 적은 자료가 훗날 사람들에게 드라마
소재로도 이용된 거예요.
실록이 이렇게도 도움이 되는 것을 보니
참 재미있지요?

조선왕조실록 퀴즈

조선 시대 왕 중에서 가장
오래 산 왕은 누구일까요?

정답 :

▶힌트 이 왕은 66세의 나이에 16세
의 왕비를 맞아들일 정도로 오래 살았
어요. 보통 조선 시대의 왕은 왕이 되
기 전 세자 때에 결혼을 하기 때문에
왕의 자리에 있으면서 혼례를 한 경우
는 드물지요. 그래서 이 왕의 혼례식
은 아주 큰 잔치였답니다. 41쪽 그림
속 의자에 앉은 왕이기도 해요.

☞정답은 56쪽에

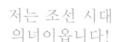

저는 조선 시대
의녀이옵니다!

의녀들은 조선 시대에 의술을 배워 내의원이나 혜민서 등에서
부인들의 질병을 진료하기 위하여 두었던 여자 의원이에요. 왼쪽의
그림은 조선 시대 의녀를 그린 거예요. 그런데 머리에 쓰고 있는 것은
무엇일까요? 의녀들이 이렇게 쓰고 있는 것을 '차액'이라고 불렀어요.
'가리마'라고도 하는 차액은 검은 비단이나 자줏빛 비단을 반으로 접어
두 겹으로 만든 뒤에 그 속에 두꺼운 종이를 붙여 빳빳하게 만들어 썼어요.

잠깐
퀴즈   2005년 10월 1일 새물맞이 행사를 하며 제 모습을 찾은
       서울 시내의 개천 이름은 무엇일까요?   ☞정답은 56쪽에

넘겨 보세요.

조선 시대에 한 청계천 공사

　최근 서울에서는 큰 공사가 있었어요. 그동안 아스팔트로 덮여 있던 청계천에 다시 맑은 물이 흐르도록 단장을 하는 공사였지요. 하지만 청계천의 큰 공사가 이번이 처음은 아니에요. 지금부터 약 250년 전인 조선 영조 때에도 청계천에서 큰 공사가 있었어요. 그 사실을 어떻게 알 수 있냐고요? 물론 그 당시의 사실들을 세세하게 기록한 실록 덕분이지요.

　《영조실록》을 보면 영조 36년인 1760년에 본격적으로 청계천 공사를 했다는 기록이 나와 있어요. 그리고 후대에까지 청계천의 공사 과정을 보여 주기 위해 《준천사실》이라는 책자를 편찬했다는 사실도 기록되어 있어요. 《준천사실》에는 공사에 큰 관심을 기울였던 영조의 모습도 자세하게 기록되어 있어요.

복원된 청계천
그동안 아스팔트로 덮여 있던 청계천에 다시 물이 흐르는 모습이에요.

이런 책과 실록의 기록이 남아 있는 덕에 250여 년 전 청계천 공사와 현재의 청계천 공사를 비교해 볼 수도 있다는 사실이 무척이나 흥미로워요.

행사를 지켜보고 있는 영조
1760년 4월, 영조가 오간수문에 행차해 청계천 준설 과정을 지켜보고 있어요. 그림을 자세히 보면 사람의 모습은 없고 앉은 자리만 그려져 있어요. 이런 큰 행사에서 왕이 참석하면 감히 왕을 그리지 않고 왕이 있는 위치만 표시하는 것이 관례였답니다.

일꾼과 소들이 작업을 하고 있는 모습

《준천사실》에 실린 준천시사열무도
1760년에 실시한 청계천 공사와 이를 기념하는 행사를 보여 주는 그림이에요.
다리 위에는 영조가 행차해 있고, 하천 가에는 일꾼과 소가 작업하는 모습이 보여요.
이 공사는 57일간 이어졌고, 15만여 명이 동원되었다고 기록되어 있답니다.

홍수가 나고 우박이 쏟아지고

조선왕조실록이 얼마나 자세한지는 날씨에 대한 기록에서도 알 수 있어요. 먼저 《명종실록》 중 명종 12년 4월 4일의 기록을 볼까요?

조선왕조실록에는 이처럼 홍수나 우박, 해일뿐만 아니라 가뭄, 지진 등 자연재해에 관한 기록이 아주 자세히 쓰여 있어요. 조선 시대에는 국가적으로 농업을 중요시했기 때문에 날씨가 매우 중요했거든요. 홍수나 가뭄 같은 자연재해가 자주 일어나면 왕은 신하들에게 피해를 막는 방법을 연구해 보라고 지시했어요. 자연재해의 피해가 큰 경우에는 자연 현상을 관측하는 기관인 관상감의 관리들이 처벌을 받기도 했답니다.

함경도 함흥에 천둥 번개가 치고 북풍이 크게 불었으며, 쏟아붓듯이 우박이 내렸는데 큰 것은 새알만 하고 작은 것은 개암*이나 콩만 했다. 청홍도 서천에는 바닷물이 밀려와 해변의 언답*을 덮친 것이 3백여 결에 이르렀다. 의주에서도 천둥 번개가 크게 치면서 비와 우박이 섞여 내렸는데 큰 것은 개암만 하고 작은 것은 콩만 했으며, 금강산 근처에는 눈처럼 쌓였다. 경기 금천에도 천둥이 치면서 비와 우박이 섞여 내렸는데 크기는 콩만 했다.

★개암 개암나무의 열매로 도토리와 비슷해요. 크기는 1.5~ 2.9센티미터쯤 되지요.
★언답 언덕에 만들어진 논을 말해요.

종성에 7월 23일부터 26일까지 폭풍이 크게 불고 비가 퍼붓듯이 밤낮으로 그치지 않고 내려서 물가의 논과 밭이 모두 침수되어 내가 되었고, 냇가에 거주하는 백성의 가옥이 60여 채나 떠내려가고 사람도 7명이나 떠내려가 죽었다. 부령에 7월 23일부터 25일까지 비바람이 몹시 쳐서 홍수가 나서 사람이 7명이나 떠내려가 죽었다. 온성에 7월 23일부터 25일까지 큰 비가 내려

강물이 넘쳐서 강가의 논밭이 모두 침수되고 모래로 뒤덮였으며, 먼 부락은 아직 확실히 알 수 없으나 근처로는 중리 부락의 71가구, 포항 부락의 87가구, 하리 부락의 3가구, 상리 부락의 7가구, 시탕 부락의 20가구, 이마퇴 부락의 7가구가 터도 없이 떠내려가 버렸고, 벼와 곡식도 모두 침수되었다. 경원에 7월 23일부터 26일까지 비가 내려 모든 강물이 넘쳤는데 아직

물이 빠지지 않아서 사람이 통행을 못하고 있으니 물이 빠진 뒤에 재해를 조사하여 첩보하겠다. 경흥에 7월 23일부터 26일까지 동풍이 거세게 불면서 큰 비가 밤낮으로 그치지 않고 퍼붓듯이 쏟아져 강물이 넘쳐서 관내의 아오지·무이·조산 등의 들판 논과, 강음·능산 등 들판의 곡식들도 침수되고, 변방 지역의 강가에 있는 13개 부락도 집과 세간이 다 떠내려가 버렸다.

또 실록에는 자연재해로 인한 피해 상황도 자세히 기록되어 있어요. 《명종실록》 명종 18년 9월 8일의 기록을 한번 볼까요?

수해 상황을 자세히 보고한 내용이 나와 있지요? 실록에 이처럼 자연재해에 관한 내용을 철저하게 기록한 것은 앞으로 생길지 모르는 피해를 막겠다는 뜻이 담겨 있어요. 자연 재해가 오래 지속되면 국왕은 자신의 덕이 없음을 반성하고, 진휼정책 등을 써서 백성이 되도록 피해를 입지 않게 했어요.

✏️ 진휼정책
피해를 당한 백성들에게 곡식 등을 나누어 주는 정책을 말해요.

실록에는 조선 시대에 1,500여 회에 걸쳐 일어났던 지진에 관한 내용도 매우 자세하게 기록돼 있어요. 이를 통해 조선 시대의 한반도는 지진이 자주 일어났음을 알 수 있지요. 실록에 꼼꼼하게 기록된 지진의 시기와 발생 지역 자료는 현대 과학에도 좋은 자료가 됩니다. 이처럼 실록의 기록은 죽은 역사 속의 기록이 아니라 현재의 여러 연구에도 많은 도움이 될 수 있답니다.

조선 시대에 일어난 지진

잠깐 퀴즈
조선 제4대 왕으로 훈민정음을 창제했으며 과학 기술을 크게 발전시킨 왕은 누구일까요?

넘겨 보세요.

온몸이 안 아픈 곳이 없구나

나라가 제대로 돌아가려면 최고 책임자인 왕이
건강해야 하는 것은 당연한 일이지요. 그래서 신하들은
왕의 건강에 대해 늘 신경을 썼어요. 실록에도 왕의
건강에 관한 기록이 아주 자세히 기록되어 있답니다.

한글과 수많은 과학 기구를 만들게 한 조선의 왕
세종은 어땠을까요? 그렇게 건강하지 못했다는 사실을
알고 있다고요? 맞아요. 《세종실록》을 보면 세종의
질병에 관한 기록이 여러 차례 나타나지요.

뿐만 아니라 왕이 어떤 음식을 좋아했는지, 생활
습관은 어땠는지도 정확하게 알 수 있답니다. 왕에
관해서라면 아주 세세하게 기록해 두었으니까요.

그렇다면 세종은 어디가 어떻게 아팠을까요?
《세종실록》에 나타난 세종의 질병 관련 기록은 모두
50여 차례나 돼요. 정말 많지요? 세종 6년과
7년인 20대 후반에는 두통과 이질에 관한
기록이 있고, 30대 중반에는 풍병과

고기를 좋아한 세종과 적게 먹은 영조

실록을 보면 왕들의 식성도 알 수 있어요. 《세종실록》 세종 4년 9월 21일 편에는 '전하께서 평일에 육식이 아니면 수라를 드시지 못하시는 터인데'라고 쓰여 있어요. 세종이 고기를 즐겨 먹었다는 사실을 알 수 있지요? 이번엔 《영조실록》을 볼까요? 영조 26년 2월 1일 편을 보면, "나는 지금도 병이 없으니 옷과 먹는 것이 충분하지 않았던 효과다." 영조가 평소에 음식을 적게 먹었음을 알 수 있어요. 실제로 고기를 좋아한 세종은 여러 가지 병을 앓았고, 영조는 51년 7개월이라는 기간 동안 왕위에 있으면서 장수를 누렸답니다.

종기에 대한 기록이 자주 보여요. 40대
중반에는 안질과 소갈증을 앓았고, 수전증과
한쪽 다리가 말을 듣지 않는다는 기록도 있어요.

그렇다면 여기서도 실록을 안 볼 수가 없지요?
세종 21년 6월 21일의 기록을 한번 볼까요?

세종대왕은 무척이나 많은 병을 앓고 있었다는
사실을 알 수 있겠지요? 그런데 세종이
앓았다는 안질, 소갈증, 임질 등은 어떤
병일까요? 《세종실록》의 기록으로 현대의
의사들이 연구해 본 결과 안질은 백내장이고, 소갈증은 당뇨 질환,

조선왕조실록 퀴즈

'~일기'라는 제목이 붙었다가
나중에 다시 '~실록'으로 고쳐
진 실록의 왕은 누구일까요?

정답 :

▶힌트 이 왕은 열두 살이라는 어린
나이에 왕위에 올랐다가 삼촌에게 왕
위를 빼앗기고 강원도로 쫓겨갔어요.
이 왕이 왕위를 되찾도록 왕위복위운
동을 하다가 죽은 신하들을 사육신이
라고도 하지요.

☞정답은 56쪽에

"내가 젊어서부터 한쪽 다리가 치우치
게 아파서 10여 년이 지나니 조금 나았
는데, 또 등에 부종이 생겨 아픈 지 오
래다. 아플 때면 마음대로 돌아눕지도
못해 그 고통을 참을 수가 없다. ……
또 소갈증이 생긴 지 열서너 해가 되었
다. 지난해 여름에 또 임질을 앓아 오
래 정사를 보지 못하다가 가을 겨울에
이르러 조금 나았다. 지난봄 강무*한
뒤에는 왼쪽 눈이 아파 안막을 가릴 지
경이고, 오른쪽 눈도 어두워서 한 걸음

사이에서도 사람이 있는 것만 알겠으
나 누가 누구인지를 알지 못하겠으니,
지난봄에 강무한 것을 후회한다. 한
가지 병이 겨우 나으면 한 가지 병이
또 생기매 나의 쇠로함이 심하다.
…… 이제는 몸이 쇠하고 병이 심하여
올해 가을과 내년 봄에는 친히 사냥하
지 못할 듯하니, 세자로 하여금 숙위
군사를 나누어서 강무하게 하라."

★강무 조선 시대에 1년에 서울에서는 네
번, 지방에서는 두 번 왕의 주관 아래 사
냥을 하며 무예를 닦던 행사를 말해요.

임질은 전립선염이나 방광염인 것으로 밝혀졌어요.

이처럼 실록의 내용을 통해 우리는 세종이 자신을 괴롭히는
여러 가지 병마와 싸우면서도 백성을 위한 나랏일을 소홀히
하지 않은 훌륭한 왕이란 사실을 알 수 있습니다.

기록 정신이 담긴 유산

조선 시대는 약 500년 동안 계속되었어요. 그리고
모두 스물일곱 명의 왕이 종묘사직*을 돌보며 왕의
자리에 앉아 있다가 다음 계승자에게 넘겼지요.
평화롭게 왕의 자리를 넘겨주기도 했지만 피를 흘리고
빼앗기기도 했습니다.

지금의 우리가 이런 이야기를 어떻게 알 수 있을까요?
맞아요. 바로 그 시대에 만들어 놓은 기록들 덕분이에요.
왕의 생활을 중심으로 조선 시대의 정치, 경제, 사회,
생활의 다양한 영역을 종합적으로 기록해 놓은
조선왕조실록도 그중 하나랍니다.

최근 들어 이런 실록의 가치가 점차 인정받게

★**종묘사직** 종묘란 조상들에게 제사를 지내는 곳이고, 사직은 땅과 곡식의
신에게 제사를 지내는 곳을 뜻하는 말로, 왕실과 나라를 의미합니다.

되면서 세계기록유산으로 등록이 된 것이지요.

퇴직한 지 얼마 되지 않은 대통령의 정치 자료마저도

상당수 잃어버린 지금의 우리와는 대조적인 모습이에요.

　우리 선조들은 나라의 중대사뿐만 아니라

일반 백성들의 생활 모습까지 낱낱이 기록하고,

이 기록을 안전하게 후손들에게 전해 주기 위하여 갖은

어려움을 마다하지 않았어요. 실록은 주변의 어떤

압력에도 굴하지 않고 자신의 업무에 충실한 사관들의

투철한 기록 정신이 담긴 소중한 유산이에요. 이를

다시금 음미하고 계승하는 것은 우리 후손들의 몫이

아닐까요?

조선 시대 왕의 계보

조선 시대의 왕은 모두 스물일곱 명이에요. 그중 가장 짧은 기간 왕위에 있던 왕은 누구고,
가장 오랫동안 왕위에 있던 왕은 누구일까요? 한번 찾아보세요.

제1대 —— 태조 — 살았던 기간 1335~1408년, 건원릉에 잠들어 있어요.
└ 왕위에 있던 기간 1392~1398년, 6년 2개월

제2대 —— 정종 — 살았던 기간 1357~1419년, 후릉에 잠들어 있어요.
└ 왕위에 있던 기간 1398~1400년, 2년 2개월

제3대 —— 태종 — 살았던 기간 1367~1422년, 헌릉에 잠들어 있어요.
└ 왕위에 있던 기간 1400~1418년, 17년 10개월

제4대 —— 세종 — 살았던 기간 1397~1450년, 영릉에 잠들어 있어요.
└ 왕위에 있던 기간 1418~1450년, 31년 6개월

제5대 —— 문종 — 살았던 기간 1414~1452년, 헌릉에 잠들어 있어요.
└ 왕위에 있던 기간 1450~1452년, 2년 3개월

제6대 —— 단종 — 살았던 기간 1441~1457년, 장릉에 잠들어 있어요.
└ 왕위에 있던 기간 1452~1455년, 3년 2개월

제7대 —— 세조 — 살았던 기간 1417~1468년, 광릉에 잠들어 있어요.
└ 왕위에 있던 기간 1455년~1468년, 13년 3개월

제8대 —— 예종 — 살았던 기간 1450~1469년, 창릉에 잠들어 있어요.
└ 왕위에 있던 기간 1468~1469년, 1년 2개월

제9대 —— 성종 — 살았던 기간 1457~1494년, 선릉에 잠들어 있어요.
└ 왕위에 있던 기간 1469~1494년, 25년 1개월

제10대 —— 연산군 — 살았던 기간 1476~1506년, 서울 도봉구 방학동 연산군 묘에 잠들어 있어요.
└ 왕위에 있던 기간 1494~1506년, 11년 9개월

제11대 —— 중종 — 살았던 기간 1488~1544년, 정릉에 잠들어 있어요.
└ 왕위에 있던 기간 1506~1544년, 38년 2개월

제12대 —— 인종 — 살았던 기간 1515~1545년, 효릉에 잠들어 있어요.
└ 왕위에 있던 기간 1544~1545년, 9개월

제13대 —— 명종 — 살았던 기간 1534~1567년, 강릉에 잠들어 있어요.
└ 왕위에 있던 기간 1545~1567년, 22년

조선 시대 왕들은 보통 몇 살까지 살았을까요?
기록을 가지고 평균을 내 보니 왕들의 평균수명은 대략 47세였답니다.
요즘에 비하면 그리 오래 살지 못했다는 것을 알 수 있지요?

제 14 대 —— 선조 —— 살았던 기간 1552~1608년, 목릉에 잠들어 있어요.
—— 왕위에 있던 기간 1567~1608년, 40년 7개월

제 15 대 —— 광해군 —— 살았던 기간 1575~1641년, 경기도 남양주 광해군 묘에 잠들어 있어요.
—— 왕위에 있던 기간 1608~1623년, 15년 1개월

제 16 대 —— 인조 —— 살았던 기간 1595~1649년, 장릉에 잠들어 있어요.
—— 왕위에 있던 기간 1623~1649년, 26년 2개월

제 17 대 —— 효종 —— 살았던 기간 1619~1659년, 영릉에 잠들어 있어요.
—— 왕위에 있던 기간 1649~1659년, 10년

제 18 대 —— 현종 —— 살았던 기간 1641~1674년, 숭릉에 잠들어 있어요.
—— 왕위에 있던 기간 1659~1674년, 15년 3개월

제 19 대 —— 숙종 —— 살았던 기간 1661~1720년, 명릉에 잠들어 있어요.
—— 왕위에 있던 기간 1674~1720년, 45년 10개월

제20 대 —— 경종 —— 살았던 기간 1668~1724년, 의릉에 잠들어 있어요.
—— 왕위에 있던 기간 1720~1724년, 4년 2개월

제21 대 —— 영조 —— 살았던 기간 1694~1776년, 원릉에 잠들어 있어요.
—— 왕위에 있던 기간 1724~1776년, 51년 7개월

제22 대 —— 정조 —— 살았던 기간 1752~1800년, 건릉에 잠들어 있어요.
—— 왕위에 있던 기간 1776~1800년, 24년 3개월

제23 대 —— 순조 —— 살았던 기간 1790~1834년, 인릉에 잠들어 있어요.
—— 왕위에 있던 기간 1800~1834년, 34년 4개월

제24 대 —— 헌종 —— 살았던 기간 1827~1849년, 경릉에 잠들어 있어요.
—— 왕위에 있던 기간 1834~1849년, 14년 7개월

제25 대 —— 철종 —— 살았던 기간 1831~1863년, 예릉에 잠들어 있어요.
—— 왕위에 있던 기간 1849~1863년, 14년 6개월

제26 대 —— 고종 —— 살았던 기간 1852~1919년, 강릉에 잠들어 있어요.
—— 왕위에 있던 기간 1863~1907년, 43년 7개월

제27 대 —— 순종 —— 살았던 기간 1874~1926년, 유릉에 잠들어 있어요.
—— 왕위에 있던 기간 1907~1910년, 3년 1개월

나는 조선왕조실록 사관!

조선 시대의 역사가 담긴 타임캡슐을 열어 보았나요? 이제 조선왕조실록에 관한 것이라면
다 알게 되었다고요? 자, 그러면 얼마나 알고 있는자 퀴즈를 풀어 보세요.

❶ 빈칸을 채워 보세요.

다음은 가상으로 꾸며 본 실록에 관한 신문 기사예요. 그런데 누가 지워 버렸어요.
지워진 낱말이 무엇인지 **보기**에서 찾아 써 보세요.

보기

연선대, 포쇄관, 실록각, 곰팡이, 실록형지안

실록일보 제1면

실록일보

한양 ● 맑음 / 종이가 잘 마를 날씨
숙종 38년 7월 10일 제12345호

도성도 판매(20%할인)

올 가을의 포쇄를 담당할 포쇄관 확정

신병주, 김남균 대교와 박관웅, 윤석구 검열 등이 지방 사고 포쇄관에 임명되다

현재 예문관의 사관으로 근무중인 신병주, 김남균 정8품 대교와 박관웅, 윤석구 정9품 검열 등이 올 9월에 있을 실록의 포쇄 작업 담당 ① 으로 임명되었다. 이번에 포쇄관으로 임명된 사관들은 평소 소신이 강하기로 유명하며, 그중

신병주 대교는 평소 유교 경전과 역서에 정통하고, 문장력이 출중해 사관의 모범이 되고 있다.

이번 포쇄는 전국적으로 9월 초에 진행될 예정이며, 각 포쇄관들은 사고에 마련된 연선대에 묵으며 포쇄 작업을 진행하게 된다. 포쇄 작업이 끝나면 작업 과정에서 있었던 모든 내용이 ② 에 자세하게 기록될 예정이다.

김진석 기자

포쇄란?

포쇄는 3년마다 각 지방의 사고에서 행하는 것으로, ④ 에 보관된 실록을 꺼내어 바람과 햇볕에 말리는 작업이다. 조선 왕들의 업적과 사건을 기록한 실록을 장기간 보존할 수 있

도록 습기와 ⑤ 를 제거해 주는 작업이다. 사관으로서 포쇄 작업에 참여하는 것은 매우 자랑스러운 일로 여겨 사관들이라면 한 번쯤 참여하기를 바라는 일이다.

김명석 기자

선배 포쇄관의 경험담

포쇄는 예로부터 긍지를 가질 수 있는 작업으로 여겨 많은 사람들이 기쁘게 생각했다. 여기 전대에 포쇄를 담당했던 신정하 영의정의 포쇄 경험담을 들어본다.

– 편집자

태백기유

사고는 담장을 쳤고, 담장 동쪽에 사관이 포쇄할 때 머무는 ③ 라는 건물이 있다. 사고에는 번을 서는 참봉과 이를 지키는 승려가 늘 머무른다.

사고에 이르면 두 번 절한 뒤 자물쇠를 열고, 실록을 살펴본다. 포쇄는 3일 동안 했는데, 날씨가 늘 맑았으며, 이때 포쇄한 서적은 서른여섯 상자에 이른다. 포쇄가 끝나면 서적을 상자에 담아 사고의 마루에 넣고 전처럼 봉인을 한다.

신정하의 《서암집》에서

---

①　　　②　　　③　　　④　　　⑤

❷ 실록을 만들어 볼까요?

조선왕조실록이 어떻게 만들어지는지 잘 이해되었나요?
그럼, 만드는 순서를 맞혀 보세요.

사관들이 왕의 일과 및 주요한 나라의 일을 사초에 일일이 기록해요.

(　　　)

사고에 봉안 의식을 치르고 완성된 실록을 보관해요.

(　　　)

실록청에서 사초 등 여러 자료를 바탕으로 중초를 쓰고, 정초를 써요.

(　　　)

왕이 세상을 떠나면 실록청을 꾸려요.

(　　　)

❸ 도전 골든벨 OX 퀴즈!

다음 질문에 O또는 X로 답하세요.

1) 한자로 쓰여진 실록을 한글로 번역하는 데만 3000여 명의 학자들이 25년 동안 걸렸다. (　　)

2) 《고종실록》도 조선왕조실록에 속한다. (　　)

3) 왕이 실록을 보려고 하면 사관은 실록을 보여 줘야 한다. (　　)

4) 실록을 편찬한 사관들은 조선 시대 정3품 이상의 아주 높은 위치에 있는 관리였다. (　　)

5) 실록의 기초 자료가 되는 사초는 사관들이 집에서도 기록했다. (　　)

6) 인기 드라마 〈대장금〉의 장금은 실록에도 나오는 실제 인물이었다. (　　)

7) 조선왕조실록에 왕의 좋지 않은 점은 기록할 수 없었다. (　　)

8) 한번 쓰여진 조선왕조실록은 고칠 수가 없으며, 고쳐진 적도 없다. (　　)

맞은 개수	조선왕조실록에 대한 나의 상식 수준
1~2개	조선 시대로 가는 타임캡슐을 다시 열어 보아야겠네요.
3~4개	조선왕조실록에 대해 제법 알고 있군요.
5~6개	당신은 실록을 편찬한 사관이 될 충분한 자격이 있어요.
7개	앗, 혹시 당신은 조선왕조실록?

정답은 56쪽에

나는 조선왕조실록 사관!

④ 사고를 지킨 수호 사찰을 찾아보세요.

옛날 실록을 보관했던 사고 주변에는 반드시 수호 사찰이 있었어요.
이 절의 스님들이 사고에 있는 실록을 보호했지요.
지방 네 곳의 사고 주변에 어떤 수호 사찰이 있었는지 보기를 보고 (   ) 안에 써 보세요.

보기

정족산 전등사   적상산 안국사   태백산 각화사   오대산 월정사

① 　② 　③ 　④

⑤ 자신의 느낌을 써 보세요.

사관들은 실록을 다 만들고 나면, 세초연이라는 잔치를 했어요. 잔치를 끝내면 어떤 심정이었을지
상상해서 써 보세요.

❻ 십자말풀이를 해 보세요.

	1					7			
1					6			8	
		2		10			8		
	3								
2				5		9			
	4	4				9			

〈가로 열쇠〉

1. 최근 일본이 자기네 땅이라고 우기는 섬이에요.
2. 널리 전하여 퍼트린다는 말이에요.
3. 사군자의 하나예요. 매화, 국화, 대나무하고 이것을 말해요.
4. 조선 시대 14대 왕인 선조가 죽은 후에 기록한 실록이에요.
5. 조선왕조실록을 편찬하려고 임시로 꾸리는 관청이에요.
6. 실록이나 역사적 기록물을 기록하는 관리를 말해요.
7. 봄, 여름, 가을, 겨울의 한자어예요.
8. 실록에 기록된 의녀로, 얼마 전에 TV드라마로 방송돼 많은 인기를 끌었어요.
9. 닭의 알을 뜻하는 한자어로, 달걀이라고도 말해요.
10. 실록을 완성하고 난 뒤, 초초와 중초로 쓰인 종이를 씻는 것을 말해요.

〈세로 열쇠〉

1. 조선 시대에 우산도라 불린 섬으로, 호박엿이 유명한 곳이에요.
2. 물 밑에 숨어 있으면서 배의 진로에 방해가 되는 바위예요.
3. 폭풍우를 만나거나 하여 부서지거나 뒤집힌 배를 말해요.
4. 태조 이성계가 세운 나라로, 27명의 왕들이 다스렸어요. 두 글자예요.
5. 조선왕조실록을 줄여서 이렇게도 불러요.
6. 실록의 기초 자료가 되는 것으로, 사관들이 기록해 놓은 것이에요.
7. 고려와 조선 시대에 역사 편찬을 담당했던 관청이에요.
8. 조선 시대에 왕들의 여러 기록들을 보관하고 관리하던 곳으로, 지금은 실록이 보관되어 있어요.
9. 최근 새롭게 단장한 서울 시내의 개천으로, 서쪽에서 동쪽으로 흘러가지요.
10. 세종대왕이 죽은 후에 세종이 왕위에 있을 때 일어났던 일을 기록한 책이에요.

☞ 정답은 56쪽에

가상 인터뷰 기사 쓰기

역사 속 인물을 만나 가상으로 인터뷰를 써 보는 것은 역사를 이해하는 데
아주 좋은 공부 방법이에요. 역사를 공부하기 위해서는 이렇게 상상력을 동원해야 할
때가 많거든요. 이 책을 읽는 동안 궁금했던 인물을 선택해 가상 인터뷰를 써 보세요.

만나고 싶은 역사 속 인물을 선택해요.

역사를 공부하다 보면 수많은 인물들이 나타났다가 사라지지요. 그런 사람들을 만나는 동안 여러분은 그 인물들이 살아 있다면 한번 만나 보고 싶다는 생각이 들지도 몰라요. 그런 인물들 중에서 가장 인상 깊은 인물들을 선택해서 가상으로 인터뷰를 해 보세요.

역사 인물과 인물이 살았던 사회 상황을 조사해요.

만나고 싶은 인물을 정했나요? 그렇다면 그 인물이 살았던 시대적 상황은 어떠했는지 한번 조사해 보아요. 인물이 살았던 시대에는 어떤 제도가 있었고, 어떤 사건이 일어났는지를 알아보면 그 인물을 이해하는 데 많은 도움이 될 거예요. 선택한 인물이 어떤 삶을 살았는지 조사하는 것은 기본적으로 해야 할 일이겠지요?

조사한 내용을 읽어 보고, 물어 볼 내용을 정리해요.

조사는 주위 사람들의 도움을 얻어도 좋아요. 여러분보다 많이 알고 있는 사람도 있을 테니까요. 최대한 많은 자료를 모으는 것이 중요해요. 그러고는 자료를 자세히 읽어 보아요. 자료를 읽다 보면 선택한 인물에 대한 궁금증들이 생길 거예요. 자료를 바탕으로 인물에게 질문할 내용을 써 보아요.

내가 그 인물이었다면 어떻게 대답했을지 생각해 보고 써 보아요.

질문이 다 정리되었나요? 그러면 여러분 자신이 선택한 인물이 되었다고 상상해 보세요. 그리고 위에 정리한 질문에 어떤 대답을 했을지를 상상해 보고 기사를 쓰면 된답니다. 상상력이 뛰어난 어린이 기자 여러분 파이팅!

사초로 사형당한 사관 김일손을 만나다

김일손은 누구인가?
김일손은 어려서부터 재주가 많았어요. 23세에 과거에 급제한 뒤, 예문관에 들어간 후 주로 역사를 기록하는 사관으로 일했어요. 성종 때 사관으로, 전라도 관찰사였던 이극돈의 비리를 그대로 사초에 써 이극돈의 원한을 사게 되었지요. 이후 1498년에 《성종실록》을 만들 때 스승 김종직이 쓴 〈조의제문〉을 사초에 써 넣은 것이 이극돈을 통해 연산군에게 알려지면서 사형을 당했어요.

기자 안녕하세요? 이렇게 만나뵙게 되어 영광입니다. 그럼, 조선왕조실록은 어떤 책인가요?

김일손 조선 왕조의 역사를 낱낱이 기록한 책이라고 할 수 있소. 조선의 왕 25명에 대한 사항을 아주 꼼꼼하게 기록한 역사책이오. 요즘으로 치면 아마도 신문이 가장 비슷하다고 할 수 있소.

기자 그러면 실록을 기록한 사관들은 조선 시대의 기자라고 할 수 있겠군요?

김일손 그렇다고 볼 수 있소. 하지만 조금은 차이가 있소. 기자들은 세상 구석구석을 발로 뛰어다니면서 모든 사건을 취재해 기사를 쓰지만 조선 시대의 사관들은 주로 궁궐에서 왕과 관련된 사항을 중심으로 기록호. 지방의 사건들은 지방에서 올라오는 여러 문서들을 참고로 기록할 뿐이라오.

기자 실록은 언제 만들어지나요?

김일손 왕이 세상을 떠나면 그 왕에 대한 실록을 만들기 시작하오. 왕이 죽으면 바로 춘추관에서 실록청을 세우고 실록을 만들 사관을 선택하오. 그리고 최대한 많은 자료를 모읍니다. 그중 가장 중요한 자료가 평소 사관들이 꼼꼼히 작성한 사초라오. 사초가 없다면 정확한 실록은 만들 수가 없을 것이오.

기자 왕이라도 실록은 물론 사초도 볼 수 없었다는데, 정말 그랬나요?

김일손 물론이오. 만약 왕이 사초를 볼 수 있었다

면, 우리가 그렇게 정확하게 사실을 기록할 수 없었을 것이오. 행여 왕이 보여 달라고 해도 우리는 보여 주지 않았소.

기자 믿어지지 않아요. 왕이 보여 달라고 하는데, 정말 안 보여 줘도 살아남을 수 있었나요?

김일손 사초는 있는 사실을 그대로 기록하는 것이 가장 중요하오. 왕이 사초를 봤다면 좋지 않은 사실을 그대로 기록할 수 없기 때문에 정확한 역사적 자료가 될 수 없을 것이오. 그렇다면 물론 세계기록유산으로 정해지는 영광도 누리지 못했을 것이오. '펜은 칼보다 강하다.'는 말도 있지 않소? 우리는 '붓은 칼보다 강하다.'라고 생각하오. 얼마나 철저하게 지켰는가 하면 가족이나 스승에게도 사초를 절대 보이지 않았소. 아예 제도적으로 정해져 있었기 때문에 왕의 청을 거절해도 무사할 수 있었소. 실록을 만들 때에야 비로소 다른 사람들이 본다오.

기자 와, 대단한 것 같아요. 그런데 김 사관은 왜 사초 때문에 목숨을 잃게 되었나요?

김일손 내가 죽음을 당하게 된 그 사건을 '무오사화'라 하오. 이 사건이 일어난 것은 연산군이 왕위에 있을 때였소. 바로 윗대 왕인 성종의 실록을 만들 때 일어난 일이오. 성종이 세상을 뜨자 실록청이 꾸려졌고, 그 책임자로 이극돈이 임명됐소. 그런데 이극돈과 나는 서로 으르렁거리는 사이였소. 그래서 이극돈이 내가 쓴 사초를 문제삼기 시작한 것이오. 나는 스승이 쓴 글을 내 사초에 적어 넣었는데, 이 글을 보고 이극돈은 세조가 단종에게서 왕위를 빼앗은 일을 비판한 것이라고 연산군에게 일러바쳤소. 그러자 연산군이 나를 잡아들였소. 그러더니 나의 스승이 사건을 선동한 것이라 결론을 내리고는 지하에 잠들어 있는 스승의 관을 파헤쳐 이미 죽은 사람의 목을 베어 버리는 만행을 저질렀소. 물론 나도 죽임을 당했지, 휴!

기자 참 안타까운 일입니다. 다시 태어나도 김 사관은 사관이 되어 실록을 기록하고 싶으세요?

김일손 "사관 위에 하늘만이 있을 뿐이다."라는 말이 있소. 이 말은 어떤 사람도 사관의 기록 내용을 결정할 수 없다는 말이오. 우리는 역사를 바라보는 우리의 생각대로 그 시대의 일을 기록한다는 자부심이 어느 누구보다 강하오. 나는 다시 태어나도 사관의 일을 할 것이오. 아마 요즘 태어났으면 기자를 했을 것이오.

기자 김 사관을 그렇게 만든 연산군의 실록은 어떻게 되었나요?

김일손 내가 알아보니 연산군은 왕의 칭호를 받지 못해 결국 《연산군일기》 형태로 실록에 포함되어 있다고 하오.

기자 좋은 말씀 감사 드립니다. 그럼, 여기서 인터뷰는 마치겠습니다.

사관 김일손은 사초 때문에 죽임을 당했지만 실록을 바라보면서 선조로서의 자부심과 대단한 인물임에 동감했습니다. 아마도 지금 태어났다면 김 사관이 멋지게 곳곳에서 자신의 주장을 쓰는 훌륭한 기자로 활동하고 있을 것입니다.

제목
인터뷰를 하고자 하는 인물의 특징을 잘 말해 주는 내용을 담아 제목을 정해요. 인터뷰를 하는 동안 오고 가는 이야기들 중에서 가장 인상적인 부분을 제목에 담아도 좋아요.

인물 소개
인터뷰를 하고자 하는 인물에 대해 간략하게 소개를 해요. 인터뷰 기사를 준비하면서 조사한 내용을 일목요연하게 정리를 해 주면 독자가 기사를 읽을 때 도움이 될 거예요.

본문 / 질문과 대답
시작 부분에서 서로 인사를 나누고 자연스럽게 질문을 이끌어 냅니다. 그리고 질문에 대한 대답을 듣고 대답 속에서 자연스럽게 다음 질문을 이끌어 냅니다. (물론 여러분이 인터뷰를 당하는 인물의 입장이 되어 대답도 해 주어야겠지요?) 몇 가지를 질문할 것인지는 기자가 된 여러분이 정해 보아요!

결론
질문과 대답이 모두 정리되면 인터뷰를 한 인물과 인사를 나눕니다. 그리고 기사를 정리하면서 인터뷰한 내용에 대한 느낌을 정리해 줍니다. 인터뷰한 인물에 대한 개인적인 의견을 써도 좋아요.

정답

⑥ 십자말풀이를 해 보세요.

	울					춘	하	추	동
	릉					추			
독	도				사	관		규	
		암	세	초		대	장	금	
	난	초	중				각		
전	파			실	록	청			
	선	조	실	록		계	란		
		선				천			

나는 조선왕조실록 사관!

① 빈칸을 채워 보세요.

①　②　③　④　⑤

② 실록을 만들어 볼까요?

사관들이 왕의 일과 및 주요한 나라의 일을 사초에 일일이 기록해요.

왕이 세상을 떠나면 실록청을 꾸려요.

실록청에서 사초 등 여러 자료를 바탕으로 초초를 쓰고, 정초를 써요.

사고에 봉안 의식을 치르고 완성된 실록을 보관해요.

③ 도전 골든벨 OX 퀴즈!

1) 한자로 쓰여진 실록을 한글로 번역하는 데만 3000여 명의 학자들이 25년 동안 걸렸다.
2) 《고종실록》도 조선왕조실록에 속한다.
3) 왕이 실록을 보려고 하면 사관은 실록을 보여 줘야 한다.
4) 실록을 편찬한 사관들은 조선 시대 정3품 이상의 아주 높은 위치에 있는 관리였다.
5) 실록의 기초 자료가 되는 사초는 사관들이 집에서도 기록했다.
6) 인기 드라마 〈대장금〉의 장금은 실록에도 나오는 실제 인물이었다.
7) 조선왕조실록에 왕의 좋지 않은 점은 기록할 수 없었다.
8) 한번 쓰여진 조선왕조실록은 고칠 수가 없으며, 고쳐진 적도 없다.

④ 사고를 지킨 수호 사찰을 찾아보세요.

①

②

③

④

몇 개나 맞혔나요?
이런, 조선왕조실록 타임캡슐을 다시 열어 보아야겠다고요?

56

사진

초등학교 교과서와 관련된 학년별 현장 체험학습 추천 장소

1학년 1학기 (21곳)	1학년 2학기 (18곳)	2학년 1학기 (21곳)	2학년 2학기 (25곳)	3학년 1학기 (31곳)	3학년 2학기 (37곳)
철도박물관	농촌 체험	소방서와 경찰서	소방서와 경찰서	경희대자연사박물관	IT월드(과천정보나라)
소방서와 경찰서	광릉	서울대공원 동물원	서울대공원 동물원	광릉수목원	강원도
시민안전체험관	홍릉 산림과학관	농촌 체험	강릉단오제	국립민속박물관	경희대자연사박물관
천마산	소방서와 경찰서	천마산	천마산	국립서울과학관	광릉수목원
서울대공원 동물원	월드컵공원	남산골 한옥마을	월드컵공원	국립중앙박물관	국립경주박물관
농촌 체험	시민안전체험관	한국민속촌	남산골 한옥마을	기상청	국립고궁박물관
코엑스 아쿠아리움	서울대공원 동물원	국립서울과학관	한국민속촌	서대문자연사박물관	국립국악박물관
선유도공원	우포늪	서울숲	농촌 체험	선유도공원	국립부여박물관
양재천	철새	갯벌	서울숲	시장 체험	국립서울과학관
한강	코엑스 아쿠아리움	양재천	양재천	신문박물관	남산
에버랜드	짚풀생활사박물관	동굴	선유도공원	경상북도	남산골 한옥마을
서울숲	국악박물관	고성 공룡박물관	불국사와 석굴암	양재천	롯데월드민속박물관
갯벌	천문대	코엑스 아쿠아리움	국립중앙박물관	경기도	국립민속박물관
고성 공룡박물관	자연생태박물관	옹기민속박물관	국립민속박물관	이화여대자연사박물관	삼성어린이박물관
서대문자연사박물관	세종문화회관	기상청	전쟁기념관	전쟁기념관	서대문자연사박물관
옹기민속박물관	예술의 전당	시장 체험	판소리	천마산	선유도공원
어린이 교통공원	어린이대공원	에버랜드	DMZ	한강	소방서와 경찰서
어린이 도서관	서울놀이마당	경복궁	시장 체험	화폐금융박물관	시민안전체험관
서울대공원		강릉단오제	광릉	호림박물관	경상북도
남산자연공원		몽촌역사관	홍릉 산림과학관	홍릉 산림과학관	월드컵공원
삼성어린이박물관		국립현대미술관	국립현충원	우포늪	육군사관학교
			국립4·19묘지	소나무 극장	해군사관학교
			지구촌민속박물관	예지원	공군사관학교
			우정박물관	자운서원	철도박물관
			한국통신박물관	서울타워	이화여대자연사박물관
				국립중앙과학관	제주도
				엑스포과학공원	천마산
				올림픽공원	천문대
				전라남도	태백석탄박물관
				경상남도	판소리박물관
				허준박물관	한국민속촌
					임진각
					오두산 통일전망대
					한국천문연구원
					종이미술박물관
					짚풀생활사박물관
					토탈야외미술관

4학년 1학기 (34곳)	4학년 2학기 (56곳)	5학년 1학기 (35곳)	5학년 2학기 (51곳)	6학년 1학기 (36곳)	6학년 2학기 (39곳)
강화도	IT월드(과천정보나라)	갯벌	IT월드(과천정보나라)	경기도박물관	IT월드(과천정보나라)
갯벌	강화도	광릉수목원	강원도	경복궁	KBS 방송국
경희대자연사박물관	경기도박물관	국립민속박물관	경기도박물관	덕수궁과 정동	경기도박물관
광릉수목원	경복궁 / 경상북도	국립중앙박물관	경복궁	경상북도	경복궁
국립서울과학관	경주역사유적지구	기상청	덕수궁과 정동	고성 공룡박물관	경희대자연사박물관
기상청	경희대자연사박물관	남산골 한옥마을	경상북도	국립민속박물관	광릉수목원
농촌 체험	고창, 화순, 강화 고인돌유적	농업박물관	경희대자연사박물관	국립서울과학관	국립민속박물관
서대문자연사박물관	전라북도	농촌 체험	고인쇄박물관	국립중앙박물관	국립중앙박물관
서대문형무소역사관	고성공룡박물관	서울국립과학관	충청도	농업박물관	국회의사당
서울역사박물관	충청도	서울대공원 동물원	광릉수목원	롯데월드민속박물관	기상청
소방서와 경찰서	국립경주박물관	서울숲	국립공주박물관	몽촌토성과 풍납토성	남산
수원화성	국립민속박물관	서울시청	국립경주박물관	민주화현장	남산골 한옥마을
시장 체험	국립부여박물관	서울역사박물관	국립고궁박물관	백범기념관	대법원
경상북도	국립서울과학관	시민안전체험관	국립민속박물관	서대문자연사박물관	대학로
양재천	국립중앙박물관	경상북도	국립서울과학관	서대문형무소 역사관	민주화현장
옹기민속박물관	국립국악박물관 / 남산	양재천	국립중앙박물관	서울역사박물관	백범기념관
월드컵공원	남산골 한옥마을	강원도	남산골 한옥마을	조선의 왕릉	아인스월드
철도박물관	농업박물관 / 대법원	월드컵공원	농업박물관	성균관	서대문자연사박물관
이화여대자연사박물관	대학로	유명산	롯데월드민속박물관	시민안전체험관	국립서울과학관
천마산	롯데월드민속박물관	제주도	충청도	경상북도	서울숲
천문대	몽촌토성과 풍납토성	짚풀생활사박물관	서대문자연사박물관	암사동 선사주거지	신문박물관
철새	불국사와 석굴암	천마산	성균관	운현궁과 인사동	양재천
홍릉 산림과학관	서대문자연사박물관	한강	세종대왕기념관	전쟁기념관	월드컵공원
화폐금융박물관	서울대공원 동물원	한국민속촌	수원화성	천문대	육군사관학교
선유도공원	서울숲	호림박물관	시민안전체험관	철새	이화여대자연사박물관
독립공원	서울역사박물관	홍릉 산림과학관	시장 체험 / 신문박물관	청계천	중남미박물관
탑골공원	조선의 왕릉	하회마을	경기도	짚풀생활사박물관	짚풀생활사박물관
신문박물관	세종대왕기념관	대법원	강원도	태백석탄박물관	창덕궁
서울시의회	수원화성	김치박물관	경상북도	해인사 고려대장경과 장경판전	천문대
선거관리위원회	승정원 일기 / 양재천	난지하수처리사업소	옹기민속박물관	호림박물관	우포늪
소양댐	옹기민속박물관	농촌, 어촌, 산촌 마을	운현궁과 인사동	유니세프 한국위원회	판소리박물관
서남하수처리사업소	월드컵공원	들꽃수목원	육군사관학교	무령왕릉	한강
중랑구재활용센터	육군사관학교	정보나라	이화여대자연사박물관	현충사	홍릉 산림과학관
중랑하수처리사업소	철도박물관	드림랜드	전라북도	덕포진교육박물관	화폐금융박물관
	이화여대자연사박물관	국립극장	전쟁박물관	서울대학교 의학박물관	훈민정음
	조선왕조실록 / 종묘		창경궁 / 천마산	상수허브랜드	상수도연구소
	종묘제례		천문대		한국자원공사
	창경궁 / 창덕궁		태백석탄박물관		동대문소방서
	천문대 / 청계천		한강		중앙119구조대
	태백석탄박물관		한국민속촌		
	판소리 / 한강		해인사 고려대장경과 장경판전		
	한국민속촌		화폐금융박물관		
	해인사 고려대장경과 장경판전		중남미문화원		
	호림박물관		첨성대		
	화폐금융박물관		절두산순교유적지		
	훈민정음		천도교 중앙대교장		
	온양민속박물관		한국에너지기술연구원		
	아인스월드		한국자수박물관		
			초전섬유퀼트박물관		